〜役職についても成長し続けるための40の秘訣〜

仕事に"磨き"をかける教科書!

みやざき中央新聞"魂"の編集長
水谷もりひと

まえがき

ちょうど今、季節は春である。この本は2018年の3月に生まれた。

3月といえば、これから新社会人になろうとしている多くの若者が、胸をときめかせていることだろう。

『上京物語』（喜多川泰 著／ディスカヴァー・トゥエンティワン）というちょっと不思議な小説をご存じだろうか。何が不思議かというと、前半の主人公は「祐介」、後半の主人公は「祐輔」なのである。

地方から新居地・東京に向かう祐輔は見送りに来た父親から一冊の本ほどもある分厚い手紙をもらった。それは「祐介」という架空の男を主人公にした小説のようなものだった。そして、後半は「祐介」のような人生にならないよう、息子・祐輔へのメッセージが綴られている。

小説のような手紙はこんな内容だった。

新社会人になった「祐介」は、人が羨むようなお金持ちになって裕福な生活を手に入れる、そんな成功者になることを夢見ていた。

1年が過ぎた。人一倍頑張ったが、思いのほか給料は上がらなかった。

その後、年齢とともに収入は上がっていくのだが、その分だけ支出も増えていくので、豊かさを感じることはなかった。

気が付くと定年後のことを考える歳になってしまった。何かに挑戦したわけでもなく、かといって大きな失敗も挫折もなかった。

祐輔は、新幹線の中で父親からもらったその「つまらない人生の物語」を読み終えた。

手紙の後半は「愛する息子、祐輔へ」という書き出しだった。

「この小説は上京した多くの人たちの実話だ。奇跡も起きないし、お金持ちとの出会いもない。おまえも東京で生活を始めたら、『祐介』のような顔をした大人にたくさん出会うだろう」

「みんな欲しい物を次から次へと手に入れること、またそれを可能にするだけの富を手に入れることを成功だと思っている。それは成功者の常識ではなく、一部の人を成功者にするために植え付けられた消費者としての常識だ。その常識を破らないと、どんなに頑張っても必ず『祐介』のような人生になるぞ」というようなことが綴られていた。

その中で、「自分の価値観をつくる三つの方法」が面白かった。

その一つは「投資」という考え方だ。今ある財産を今使うことを「消費」というのに対して、「投資」とは今ある財産を今は使えないものに換えて、将来大きくなるのを待つことをいう考え方だ。若者にとって「今ある財産」とは「時間」だ。その貴重な「時間」を何に投資すべきか、ということである。

「一つは頭を鍛えるために。もう一つは心を鍛えるために」と祐輔の父親は言う。たとえば、ライオンを引き合いに出して「『もうそんな時代じゃない』と言って、ライオンが鋭い牙と爪をはずしたらどうなるか。きっと絶滅するだろう。ライオンにとって最大の武器が牙と爪であるように、人間にとってのそれは学び続けることなのだ」と。

「学び続ける」ことの大切さは、あの松下幸之助さんも中学3年生向けの道徳の教科書の中でこう述べている。

「学校を卒業して社会に出ると勉強しなくなってしまう人が多い。そういう人は伸びないですな」

「会社や社会というところは、人間なり人生について教わる『学校』だと考えてみたらどないでしょ。そこにはいろんな人の人生模様が繰り広げられています。学ぶべきことは無限にありますよ」

世の中は学びに満ちている。本当の学びはそこにある。仕事のノウハウから始まって、職場や仕事を通して出会う人間関係、そこで感じるストレス、失敗も挫折も、そして役職につくこと、部下を指導すること等々、それらはすべて考え方ひとつで自分を成長させてくれる「学び」になる。

もちろん、誰もそんなことが「学び」だと教えてくれない。ただ「学ぼう」という姿勢さえあれば、すべてが自分の成長につながっていく。学んだ分だけ、人生は面白くなる。

この本は、1955年より60年以上、通巻2735号（本書出版時）続く、『みやざき中央新聞』という週刊紙の目玉である〝社説〟の中から、この本のタイトルにふさわしい、ビジネスの最前線で闘っている人たちに読んでもらいたいものを選んで、それに加筆したものです。

これまで、3000人以上もの様々な文化人や経営者、教育関係、学識経験者等々、その道を究めた方々の話を取材してきました。その方々の考え方や実践から学び取ったことの中から、特に伝えたい40編を本書でご紹介していきます。

ただ、本書に選んだ内容は、ビジネスに直結する話ではありません。

ビジネスで成果を出すことを、樹木にたとえると「実を結ぶ」ことだとしたら、この本はその樹木を支える土の中の「土壌菌」のような話ではないかと思います。

多忙を極める日々の生活の中で、ふと手に取ったこの本が皆様の仕事をする上で、何らかの心のオアシスになれば嬉しい限りです。

水谷　もりひと

目次

まえがき……2

1章 「成長」は常識の枠を外すことから生まれる

1 変態になりたい人が増えている……12
2 「無の境地」に行ってみませんか……17
3 「弱さ」に目を向けると健全な社会に……22
4 雨が降れば、なにげなく傘をさす人に……27
5 眠っている遺伝子をオンにしてみよう……32
6 「若さ」を若者に与えるのは惜しい……38
7 人は最後の最後まで成長し続ける……43

2章 「発想」を変えると思考が10歳若返る

8 人生は組み合わせでできている……50
9 手を合わせたい人に手を合わせていますか……55

10 善人の悪行を裁く「昔話法廷」……60
11 「感謝神経」を磨いて日本を感謝大国に……65
12 心を込め、思いを乗せた言魂を……70
13 ほめられたら「その気」になろう……75
14 「時間がない」を禁句にしよう……80

3章 「商売繁盛」も時代と共に変わっている

15 感動は「モノ」ではなく「コト」だった……86
16 批判せずに「残念」と思えばいい……91
17 物を売る人に宿る心の美しさ……96
18 売り上げは心が作り出している……101
19 諭吉さんから聞いたお金の話……106
20 あなたの仕事はなんですか？……111

4章 「価値観」を変えると新しい自分が生まれる

21 成功する前に叶えている幸福感……118
22 対戦相手ではなくパートナーに……123
23 我々は大切なことを伝えているか……128
24 良心は世界中で繋がっている……133
25 変わり者は社会の財産になる……138
26 復興に天運を引き寄せる精神性……143

5章 「学び」の質は年齢と共に変えていく

27 まずは聴くことから始めよう……150
28 本に囲まれて深呼吸をしよう……156
29 淡々と生きる「淡味」の素晴らしさ……161
30 日常のすべてを楽しい「道場」にする……166

31 「見る目」を養うために学び続ける……171
32 自然や神話と共に生きていた感覚……176
33 仕事の面白味、感動物語を語ろう……181

6章 「目標」を追い求めると、自分の天命に気付く

34 深いことをやさしくおもしろく……186
35 プロに触れないとプロになれない……191
36 夢破れても活躍できる舞台がある……196
37 自分の仕事が大好きって言える？……201
38 プラスイメージに変えるのは私……206
39 希望はいつでも絶望のすぐ横にある……211
40 天命を変える人生ってどうですか？……216

あとがき……221
参考文献……226

〜役職についても成長し続けるための40の秘訣〜

1章

「成長」は常識の枠を外すことから生まれる

1 変態になりたい人が増えている

宮崎県教育委員会を退職し、今は大分県で農業をしながら講演などで全国を飛び回っている「たまちゃん」こと、小玉宏さんは自分のことを「変態」だと思っている。

まだ40代。雇用が不安定だから結婚できないこのご時世に公務員を辞めて結婚した。彼女のご両親にあいさつに行って、「公務員を辞めました。お嬢さんと結婚させてください」と頭を下げたのだからおかしな男である。

たまちゃんは、全国各地で筆文字講座もやっている。小さい頃から磨き上げた書道の腕前でやっているのではない。筆文字を始めたのはほんの5年前。書道は生粋の素人である。面白がって筆文字で書いていたら、だんだん個性的な字になった。自分で考えた詩をその字で書いて、SNSにアップしていたら、「面白い！」「感動した！」とファンが増えていった。

調子に乗って、「欲しい人には詩集をプレゼントします」と書き込んだら、全国の物好きな人たちから、「欲しい」というメールが殺到した。

コピーしてホッチキスで製本していたが、1000人を超えたあたりから体力の限界を感じ、業務用の印刷機と製本機、そして、手押しの裁断機も時間がかかるので電動式裁断機を買った。部屋の中が印刷工場みたいになった。

こうして給料のほとんどを見知らぬ人へのプレゼントにつぎ込んだ。だから結婚するとき、貯金は底をついていた。

そのうち、「筆文字を教えて」「講演して」と全国から声が掛かるようになった。気が付いたら週末は1年先まで埋まってしまった。当時は公務員だったので交通費だけもらって喜んでいた。

一番不思議なのは、たまちゃんと出会った人がみんな元気になることだ。たまちゃんって一体何者なのか？

教師時代、こんなエピソードがあった。

合唱コンクールなどをやっている中学校では、新年度のクラス編成のとき、各クラスにピアノが弾ける子を入れるが、たまちゃんがいた中学校はそういう行事をやっていなかったので、そんなことを考慮に入れずにクラス編成をしていた。


ところが、新しく赴任してきた校長が「合唱コンクールをやる」と言い出した。

たまちゃんが受け持ったクラスにピアノが弾ける子はいなかった。1人、小学校のときにピアノを習っていた子がいたので、その子に伴奏をお願いした。そしたら次の日から不登校になった。

「これはまずい」と思った。すぐ家庭訪問して謝り、「心配するな。伴奏は先生がやる」と言った。「先生、ピアノ弾けるんですか？」「弾けるわけないやん。触ったこともないし」


その帰りにキーボードを買った。空き時間、休み時間、放課後、練習しまくった。全く弾けなかったピアノが少しずつ上達していった。

合唱コンクールの日、たまちゃんは見事にピアノ伴奏を務めた。生徒たちは不可能に挑戦した先生の姿に感動した。一番感動したのはクラス一のヤンキーだった。

彼のお母さんから電話があった。「息子がキーボードを買ってほしいと言っている」と。嬉しそうだった。息子は中古のキーボードを買ってもらい、毎日練習し始めた。

たまちゃんは、参観日の懇談会をクラスコンサートにした。そこで今まで何にもやる気のなかったあのヤンキーがキーボードを演奏した。母親は泣いて喜んだ。

たまちゃんは「変態」だった。

理科の教師だったたまちゃんの話によると、「変態」とは生物学の専門用語で、幼虫がサナギに、サナギが成虫になることを意味する。「態」とは「あり方」「生き方」である。つまり、「変態」とは「あり方・生き方が変わること」だったのだ。

それまで葉っぱの上でしか生きられなかった幼虫がサナギになって、その殻の中で自らの体を溶かし、全く新しい体につくり変えていく。全エネルギーをそれに使うのでサナギは動けない。本人にしてみれば理不尽なことだろう。

しかし、その理不尽な苦しみを耐え抜くと、殻が割れ、翼を手に入れ、大空に羽ばたく。全く別の生物になる。

それが「変態」だ。人間の場合、「変態」に触れると「変態」になるらしい。「変態」は伝染するのだ。

「成長」を目指すなら、勇気を出して、「変態」に近づくことである。

編集長のひと言

変態とは「あり方」「生き方」が変わること
自分を成長させるために
今まで一度も経験したことのないことに
チャレンジしてみよう

2 「無の境地」に行ってみませんか

3月から4月にかけてのこの時期は日本人にとって「節目」の季節である。
「節目」には、常に新しい出会いが生まれるものだが、その出会いのために何かを切り捨てる、誰かと別れる、住み慣れたところを離れるという切ない思いをしなければならない。だからこの時期は特別な季節なのだと思う。

数年前、「節目、節目に自分の成長を確認してきました」と言った女性がいた。
わが子の幼稚園の卒園式と小学校の入学式という節目、小学校の卒業式と中学校の入学式という節目、そうした我が子の成長の節目に立ち会うことで、自分の成長も確認してきたというのだ。

ある意味、卒業式や入学式に一度も立ち会ったことがない父親は、子どもの成長と自分の成長を照らし合わせる機会がない。

それでも、仕事や部署が変わる節目、年度が変わる節目に、自分の成長を確認することはとても大切なことだ。

なぜなら「成長する」ということは、「幸せを感じる」ということと同じように、人生最大のテーマだからである。

福岡県在住の外科医、井口潔先生は1921年（大正10年）生まれ、今年97歳だ。

井口先生は医学生だった頃から「人間は生物学的にどのように成長するのが一番いいのか」と考えていた。

しかし、そんな研究でメシは食っていけないと、定年までその研究を封印した。

63歳で九州大学医学部教授を退官した後、「ヒトの教育の会」という勉強会を作り、やっと人生のテーマと向き合えた。

井口先生の言葉で衝撃的だったのは「90歳まで分からなかったことが92歳になって初めて分かった」という言葉だった。

よく学力のある子やスポーツに長けた人には集中力があるといわれるが、井口先生は「集中力というのは、実は人間だけが獲得した能力なのです」と言う。

他の動物は、何かに夢中になっていると天敵に襲われてしまうので、いつも警戒していないといけない。集中して勉強やスポーツができるのは、それだけ安全で安心な社会をつくりあげた結果なのだそうだ。

井口先生は、学生時代にライフル射撃で国体に2年連続で出場し、連続優勝した経験がある。３００メートル先の的に向かって1分間に5発の弾を撃つ競技である。

当時の様子をこう述懐している。

「優勝したときの得点は50点満点の44点でした。最初の一発は10点、二発目から四発目までは9点。最後の五発目は7点でした。最初の四発は無心でした。最後の一発のとき、銃口の位置を修正しようと意識したら、右に行きすぎて、それで7点になってしまったんです」

マイナス3点は、的の中心から15センチほどのズレだ。３００メートル先の15センチのズレといえば、銃の先端が０・３ミリほどズレたことになるという。射撃で「意識して撃つな」「無の境地で撃て」といわれる所以《ゆえん》である。

「ヒトの教育の会」では、弓道や空手の達人を読んで話を聞いたりした。達人たちが到達する境地は皆共通していた。それが「無の境地」だった。自我を完全に手放した状態である。

今も趣味でピアノを弾く井口先生は、「無の境地」をこう説明する。「指が鍵盤に落ちて曲を奏で始めると自意識がなくなり、主体と客体の区別のない境地に誘われる」

そして、92歳を過ぎた頃、はっきり分かった。

「ヒトは自我を獲得して人間になりました。と同時に、人間はエゴを持つ生き物になりました。そして合理化や効率化を追い求めながら、徐々に自然界から離れていきました」

「人間は自我を手放して、『無の境地』に至り、自然界と一体とならなければならないんです。そのとき、初めて人間は万物の霊長になるのです。これが最終的に人類がゆくべき道ではないかと思います」と井口先生。

「無の境地」に至る体験は、趣味の武芸・遊芸・芸術でもできるという。繰り返し繰り返し行う稽古の中で。

だから、武芸や遊芸には「道」という字が付いている。

「道」というのはどこかに向かっているものである。

武芸や遊芸の「道」はきっと「無の境地」「大自然との一体化」に向かっているのではないか。


人間は生物学的に、そういう方向に成長するのが一番いいのかもしれない。

編集長のひと言

無の境地こそあらゆる成功者の到達点
あれこれ思い煩わず、
「今」「ここ」にすべてのエネルギーを集中させよう

3 「弱さ」に目を向けると健全な社会に

相本多規仁《あいもとたきひと》さんは今年52歳になる。

埼玉県内のリサイクル会社の正社員として働いている。プレハブの大きな工場の中で、ベルトコンベアに乗ってくるビン、缶、その他の危険物などを分別する仕事だ。

ほこりと匂いが強烈なので窓はいつも全開。大きな扇風機が回っているだけでエアコンはない。真夏は40度を超える暑さになり、冬も極寒の中での作業になる。

しかし、多規仁さんは雇用されて22年間、職場への不満をこぼしたことがない。それどころか、「この仕事がないと街中がビンや缶であふれて汚い街になってしまうんだよ」と話す。

多規仁さんには軽い知的障がいがある。健常児と障がい児の境界線上の子どもだった。

小学校に上がるとき、両親は普通学級か特殊学級か、迷った。

幼稚園の先生の「将来、特殊学級を出た子が住む特殊社会がありますか？　みんな同じ社会の中で生きていくんですよ」という言葉に背中を押され、普通学級を選んだ。

最初の保護者会のとき、クレームが出た。

「このクラスに本来ならば特殊学級に入るべき問題児がいます。みんなのお荷物になって勉強が遅れるのが心配です」

担任の教師は、クラスの様子を話した。

体操着に着替えるとき、周りの児童が多規仁君を見守るようになってきたこと。授業中に席を離れたら、隣の子が注意するようになったこと。先生から質問されたことに多規仁君が答えられると、みんなが拍手して喜び合うこと。多規仁君がいることで、クラスみんなの心が確実に成長していると訴え、理解を求めた。

その場にいた母親の華世子さんは、3歳児検診のとき、医師から言われた言葉を思い出した。

「知能発達の遅滞が考えられます。これは治療して治ることはありません」と。

そして医師は「ここから大事な話をします」と言ってこんな話をした。

「この子は必ずこの子のペースで成長します。親の愛情をたっぷり受けて大きくなった子は素直な子に育ちます。素直な子は人から愛されます。愛される人に成長すると、足りない能力は人が足してくれます。そうすれば社会で生きていけます。どうか肌の温かさで育ててください。お母さんが明るいことが一番大切です…」（相本華世子著『境界線児、飛び立つ！』文芸社より）

以前、東京で『弱さの思想』と題したトークショーがあった。作家で、大学教授の高橋源一郎さんが、なぜそんな研究を始めたのかを話した。

次男が2歳のとき、急性脳炎となり、小児病棟のＩＣＵ（集中治療室）に入ったことがきっかけだった、と。

容体が落ち着いた頃、ふと周りを見回すと、いろんな重度の病気の子どもたちがいた。不思議だったのは付き添っている母親たちが妙に明るいことだった。

何人かの母親に話を聞いた。ある母親はこう言った。

「明るくしてなきゃやってられないということもあります。それと子どもがいるから明るくなれるんじゃないかしら」

親がいなければ生きていけない弱い存在の子どもが、親にものすごい力を与えている。ここから高橋さんの「弱さの研究」が始まった。

高橋さんは、ドキュメンタリー映画『祝《ほうり》の島』や『ミツバチの羽音と地球の回転』の舞台となった山口県の祝島《いわいしま》にも取材に行った。人口440人、その7割が高齢者だ。

予約した民宿に行くと、1人でやっているおばあさんが病気で寝ていた。「ご飯が作れない」と言う。

しばらくしたら頼みもしないのに隣のおばちゃんが台所に立って高橋さんの夕食を作り始めた。

「弱さ」に目を向けると人々は助け合う。助け合うからみんな明るい。現代社会は勝ち抜くことを是とするあまり、みな「上」ばかりを目指し、「奥」へ踏み込まないので何となくよそよそしくて、冷たい社会になったように思える。

本当はみんなどこかに「弱さ」を抱えていると思う。「弱さ」は否定するのではなく、認め合ったほうが健全な社会ができる、と高橋さんは言う。

「上へ、上へ」よりも「奥へ、奥へ」。奥行きの広い社会のほうが暮らしやすい。

編集長のひと言

仲間の弱さや欠点はあなたが補えばいい
自分に弱さや欠点があってもいい
組織はジクソーパズルの凹凸のようなもの

4 雨が降れば、なにげなく傘をさす人に

さまざまな事業を手広く展開して、戦後の日本経済を牽引した松下幸之助翁。80歳を機にすべての役職を退いた後、最後に着手したのが70億円の私財を投じた財団法人「松下政経塾」の創設だった。

卒塾生の約半数が政界の道に進んでいるというから、名実ともに日本のリーダーを養成する私塾といってもいいだろう。

幸之助さんが塾生に語った講義録が残っている。幸之助さんが塾生にどういう言葉を多く口にしていたのかが調査された。

最も多く出てきた言葉のベスト3は下から「秀吉」の55回。「国家百年の計」が61回。一番多かったのは断トツの114回で、「素直」という言葉だった。

幸之助さんは『道をひらく』（ＰＨＰ研究所）という著書の中で、人生における「逆境」と「順境」を「素直」に絡めてこう記している。

物事が何もかもうまくいかなくて、不運な境遇に陥ってしまう逆境について、「それは尊い試練であり、古来から偉大な人で逆境にもまれなかった人は一人もいない」

そして、物事が順調にうまくいっている境遇については「これもまた尊い」と。

「要は、逆境であれ、順境であれ、その与えられた境涯を素直に生きることである。素直さを失ったとき、逆境は卑屈を生み、順境は自惚《うぬぼ》れを生む」というのである。

では、「素直に生きる」とはどういうことなのだろう。こんな記述があった。

「雨が降れば、人はなにげなく傘をひらく。この自然な素直な心の働きに、私たちは日頃、あまり気付いていていない」

自然に謙虚であれ、ということか。

元松下電器産業の安川洋副社長がまだ新入社員だった頃、広報誌制作の件で当時の松下幸之助社長と話をしていたとき、こんなことを言われたそうだ。

「僕は小学校もまともに出ていない状態でこの商売に入ったので、日本語化された外国語が分からないことがある。だから最近日本語化された外国語を全部拾い出して、それはどういう意味かを書いて、僕に持ってきてくれ」

安川さんは社長のこの謙虚さにいたく感激した。

「自分のようなぺーぺーになんてことを言うんだ」と。

どのくらい感激したかというと、「僕はもう給料はタダでいいと思うほど感激した」そうだ。

「素直」とは、自然のみならず、誰に対しても至極謙虚であるということなのだろう。逆に素直じゃないとどうなるか。

元九州松下電器の青沼博二《あおぬまひろじ》社長が現役の頃、幸之助さんが福岡に来られた際、松下グループの関連会社を一緒に訪問したことがあった。

40分ほど工場を視察した。帰りの車の中で幸之助さんが青沼さんに言った。

「あそこの会社の運営はうまくいってないな」

「どうしてお分かりになりましたか？」

「あそこの社長さんは、せっかく私が訪問しているのに、何か聞こうという態度に欠けてたな。自分ばっかりしゃべってはったな」


素直さを失うと、自分の話でいっぱいいっぱいになり、人の話を聞いて新しいことを取り入れようという「余裕のスペース（隙間とか空間）」が心になくなってしまうのかもしれない。


以前、「素直な心」とは、「すなお」という音の中にその意味が入っているという話を聞いたことがある。

「すなお」の「す」は、人の話を聞いたとき、「すごいですね」「素晴らしいですね」「ステキですね」と相手の話を称賛できる心の「す」

「すなお」の「な」は、人の話を聞いたとき、「なるほど〜」と相手の話から学ぼうとする心の「な」

そして「すなお」の「お」は、人の話を聞いたとき、「おもしろいですね」と、相手の話をおもしろがれる心の「お」

心の中に、面と向かった人の話に対して称賛したり、学んだり、おもしろがれる「余裕のスペース」を持っている人、それがすなわち、素直な人なのだろう。

松下政経塾の卒塾生は、他のリーダーとそこが違うんだろうなと、ふと思った。

編集長のひと言

素直とは自然に対して謙虚であること
謙虚とはどんな人に対しても素直であること
一流の人にはこの二つがある

5 眠っている遺伝子をオンにしてみよう

「なんでこんなになるまで放っといたんだ！」。平成18年5月1日、工藤房美さんは熊本市民病院の医師から怒鳴られた。

末期のがんだった。48歳。家には心を病んでいる夫と高校3年生を頭《かしら》に3人の息子がいた。

検査に2週間かかり、明日はいよいよ手術という日、主治医が言った。「がんが広がり過ぎていて手術ができません」。あまりのショックで涙も出なかった。帰宅して、3人の息子たちに遺書を書いた。

長男には「あなたを誇りに思う。これからも堂々と自分の好きなことをやりなさい。病気になってごめんね。大好きだよ」

高2の二男には「楽しいことを見つけることが得意だから好きなことを見つけて楽しんで生きて…」

小6の三男には「大変なときは我慢しないで周りの大人の人に助けてもらいなさい。お兄ちゃんたちと3人で協力したらなんでもできるよ…」

「愛している」「あなたたちの母親になれてよかった」「あなたたちを最後まで愛し抜く」ということを精一杯伝えた。

扁平上皮《へんぺいじょうひ》がんという、内部が空洞になっている臓器の粘膜に発生するがんだった。

主治医から「ラルス」と呼ばれる治療法を告げられた。「痛くて苦しい治療です。これを3回します」と。

治療の日、看護師から、「痛み止めも麻酔も使いません。タオルを口に入れます。耐えるしかありません」と説明を受けた。

1時間かけて器具が取り付けられた。体が固定され1ミリも動けなくなったところで、口にタオルが入れられた。

それは、痛いとか苦しいという次元のものではなかった。1時間、手が動かせないので溢れる涙も拭えない。口が塞がれていて悲鳴も上げられない。「治療ではなく拷問だ」と思った。

その夜、「なんでがんになったんだろう」と自分を責めた。がんを告知されたときは出なかった涙が一晩中枕を濡らした。

2回目の治療の前日、三男の小学校の先生から一冊の本が届けられた。筑波大学で長年遺伝子を研究してこられた村上和雄先生の『生命の暗号』という本だった。

最初はうつろな目でページを開いていた工藤さんだったが、次第にその目が大きく開いていった。胸の鼓動が高鳴った。読み終えたのは夜中の2時だった。

「人間には約60兆個の細胞があり、その一つひとつに遺伝子があって、一つの遺伝子には30億もの情報が書き込まれている。ところが人間の遺伝子のうち実際に働いているのは全体のわずか5％しかない」というようなことが書かれていた。

「眠っている95％の遺伝子を少しでもオンにすることができれば元気になるのではないか」、そう思ったら、ワクワクしてきた。大声で「ばんざーい」と何度も叫んだ。

工藤さんは決心した。

「私の命はもう長くないかもしれないけど、今まで私を支えてくれた一つひとつの細胞と遺伝子にありがとうを言ってから死のう」と。

不思議なことが起きた。翌日の治療ではあの拷問のような痛みを感じなかったのだ
それから工藤さんは目や耳、手足、心臓、胃など、健康なところに手を添えて「今までありがとう」とお礼を言った。

抗がん剤治療の際に抜けていく髪の毛一本一本にも「ありがとう」を言った。

闘病生活は「ありがとう」を言う生活に変わっていった。

さらに患部のがん細胞にもお礼を言いたくなった。

「正常な細胞だったのに私の思考の癖や歪んだ生活を教えてくれるためにがん細胞になってしまってごめんなさい。そして、ありがとう」

その後、現代の医学では信じがたい奇跡が起きた。詳細は工藤房美著『遺伝子スイッチ・オンの奇跡』（風雲舎）に譲るとして、「余命1か月」と宣告されていた工藤さんは地獄の淵から生還した。

がんの告知から10か月、子宮と肺と肝臓にあったがんはきれいに消えていた。今、工藤さんは熊本市内で「ロータス」というカレー専門店を経営している。

著書の中で工藤さんは「良い遺伝子をオンにするコツ」をまとめている。
①どんなときも明るく前向きに考える
②思い切って今までの環境を変えてみる
③人との出会い、機会との遭遇を大切にする

④感動する。笑う。ワクワクする
⑤感謝する
⑥世のため、人のためを考えて生きる、と。

編集長のひと言

病気というものは神様からのメッセージだと思う
そう思えた人が不思議と病気を克服して
生まれ変わったように第二の人生を生きている

6 「若さ」を若者に与えるのは惜しい

「正」という字には、「正す」「改める」「きちんとする」という意味がある。それで昔は旧暦1月を、年が改まって最初の月だから「正月」と呼んだ。

旧年中の失敗や過ちは「忘年会」で清算し、新年を迎えると同時に初心に戻って心を正すという意味が「正月」にはあるのだ。

また、公家や武家では元日から7日間はさまざまな行事や神事が集中していたので、7日までを「大正月《おおしょうがつ》」と呼んでいた。新暦が導入された後も、「松の内」といって7日まで正月飾りを飾っているのはその名残だろう。

また7日目に正月料理で弱った胃を休めるため七草粥を食べる習慣が残っていることを考えると、やはり元日から6日間は飲んだり食べたりして、正月気分に浸っていたに違いない。

現代はあまりにも忙しくなって、三が日が終わったら、すぐ「仕事始め」である。昭和63年に施行された「行政機関の休日に関する法律」で「正月休みは3日まで」と決まったので、一般企業もそれに準じるようになったのだ。

慣習や伝統より法律に従って生きるのが日本人のいいところでもあり、悲しいところでもある。

しかし、本来は正「月」なのだから1月末まで正月であり、正月気分とは、「正す」「改める」「きちんとする」と気持ちを入れ替えることなのだ。だから、慌てず急がず1月いっぱいまでに1年の目標や抱負を立てて紙に書いておこう。

もう一つ、日本人は昭和20年頃まで年をとるのは誕生日ではなく、元日だった。家族みんなで一緒に年を一つとって、正月を祝っていた。

何を祝っていたのかというと、「旧年中に死なずに生き抜き、新年を迎えることができた」ことを祝っていたのだ。

だから正月のあいさつには、「命を新年に持ち越せてよかった」という気持ちも含めて、お互いに「おめでとう」と言い合った。喪中の家族が正月を祝えないのはそれが理由だったのだ。

医療が発達していなかった昔は、無病息災を神に祈願するしかなかった。

そしてこの1年、何が起こるか分からないので、誕生日を待たずに、元日を迎えられただけで一つ年を重ねられた喜びを噛み締めていた。

年をとることは嬉しいことだったのである。

若いときは一つ年を重ねても二つ重ねても、まだまだ若さに余裕があった。「やらなければならないこと」がそんなに多くなかったので、休みの日は昼近くまで寝ていたこともあった。

ソウル大学のキム・ナンド教授の『つらいから青春だ』という著書にこんな言葉を見つけた。

「若さを若者に与えるにはあまりにも惜しい」

どういうことだろうか。人生の後半を生きている我々には未来の可能性はどんどん閉じられていくが、若者にはまだまだ無限の可能性がある。しかし、「若さ」という時間の使い方を知らない若者が多すぎる。

彼らは貴重な一日一日をむなしく消耗させてしまい、可能性の扉を開くチャンスを逃している。

キム教授は「人生時計」という考え方を紹介している。人生80年を1日24時間に換算して、今どの時刻を生きているのかを確認するのだ。

24時間は1440分。これを80年で割ると1年は18分。毎年18分ずつ「人生時計」は進む。たとえば、午前零時に誕生した子は20歳のとき、午前6時にいる。やっと1日が始まる時刻だ。25歳は7時30分。もう家を出なくてはいけない。

30歳は午前9時。まだ仕事が始まったばかりだ。しかし午前中の3時間は過ぎるのが早い。あっという間に40歳の正午になる。

60歳は18時。これから楽しいことが始まる。仕事が終わって夜の街に繰り出したり、家路に急ぐ人もいるだろう。あるいはもう少し残業する人もいるかもしれない。

ただ中高年はもう若くない。しかし、「人生時計」が示すところの、若手世代が生きている早朝の時間を生きることはできる。4時48分は16歳、5時24分は18歳の時間だ。

そうだ。早起きすればいいのだ。夜明け前の「若者の時間」を手に入れ、その時間を有効に使えるのが年の功というものだ。

編集長のひと言

仕事ができる人
成功している人
間違いなく朝の時間を有効活用している

7 人は最後の最後まで成長し続ける

ＮＨＫの『先人たちの底力・知恵泉《ちえいず》』という番組で浮世絵界の巨匠・葛飾北斎が取り上げられていた。

アメリカの雑誌『ＬＩＦＥ』が特集した「この１０００年で最も偉大な業績を残した世界の人物１００人」の中に、イギリスのシェイクスピア、インドのガンジー、アメリカのエジソンなどと並んで選ばれた唯一の日本人が、北斎だった。

「偉大な業績」とは、北斎の絵筆の技法がヨーロッパの印象派を代表するモネやゴッホに多大な影響を与えたというのである。

北斎といえば、さまざまな角度から富士山を描いた「富嶽《ふがく》三十六景」が有名である。

その素晴らしさは誰もが認めるところだが、北斎の「人となり」は意外と知られていない。

実は、あの「富嶽三十六景」を含め、彼の代表作のほとんどは70歳を過ぎてから描かれたものだというから驚きだ。

なにせ北斎が生きた江戸時代は人生50年といわれた時代である。その時代に北斎は90歳まで筆を握っていた。

描きたい絵を描くためならどこにでも行った。当時の庶民の交通手段は自分の足しかない。北斎は、80歳を過ぎてから江戸―小布施（今の長野県小布施町）間の往復500キロの道を四度も往復している。

6歳から絵を描き始め、19歳のときに浮世絵師・勝川春章《かつかわしゅんしょう》の弟子になり、「勝川春郎」という名で、歌舞伎役者の絵を描くようになった。今でいうアイドルスターのブロマイドである。

その役者絵に飽きると、勝川一門を離れ、二代目「俵屋宗理《たわらやそうり》」の名を継いで、江戸庶民の女たちを描き始めた。

やがて老中・松平定信の「寛政の改革」で、風紀を乱す絵の売買が禁止されると、今度は「葛飾北斎」という名前で小説の挿し絵を描くようになった。これが大ヒットした。するると北斎はさっさと名を「戴斗《たいと》」と改め、絵の教科書になるようなイラストを描き始めた。

そんなわけで彼は30回以上も改名を繰り返し、その度に全く異なる絵の世界に興じている。

そして、70歳を過ぎて初めて絵の境地に辿り着いた。こんな言葉を残している。

「70歳以前の絵は取るに足らないものだった。73歳になった頃、鳥獣虫魚の骨格や草木の生まれ出る様子をいくらかは悟ることができた。だから80歳になればより向上し、90歳になればさらにその奥義を極め、100歳で神の技を超えることができるのではないか。そして、110歳でやっと点や線のすべてが生きているかの如く絵が描けるだろう」

人生50年といわれた時代に90歳まで生き抜き、その年まで生業《なりわい》に勤《いそ》しめた秘訣は、この言葉に表れている気がする。

よく「若さの秘訣は年齢を気にせず生きること」「長生きの秘訣はバランスの取れた食事とストレスのない日々」という話を聞くが、北斎という男は、次の目標に向かうための目安として年齢をいつも意識していた。

特に80歳を過ぎた頃から描いた絵には必ず年齢を書き添えた。食事も毎日、出前のソバで済ませていた。

幕府の財政引締め政策として芝居や絵を禁じた「天保の改革」のときは、路上で絵を売って生活していた。

たまたま通りかかった小布施の豪商・高井鴻山が北斎の絵に心を奪われ、鴻山は高値で絵を買い上げた。そして、小布施にあるお寺の天井絵を依頼する。北斎、83歳のときである。

90歳で息を引き取るときにつぶやいた言葉が残っている。

「あと10年、いやせめて5年、生かしてくれ。そうすればまことの絵師になってみせる」

分かったことがある。「人は死ぬまで成長し続ける」

『ＬＩＦＥ』に選ばれた「偉大な業績を残した１００人」はみんな死ぬ直前まで自分の人生を生き抜いた人だった。

「あと10年若かったら…」ではなく、「あと10年、いやせめて5年生きられたら、そうすれば…」という人生は如何だろうか。

編集長のひと言

誕生日を迎えたらこう思ったらいい
さぁこれから私の人生は面白くなる
いや、面白くしてやる！

〜役職についても成長し続けるための40の秘訣〜

2章

「発想」を変えると思考が10歳若返る

8 人生は組み合わせでできている

洋菓子業界にとって2月と3月は繁盛期である。

聖バレンタインという聖職者が殉教したといわれている2月14日と、女性から男性への愛の告白と、チョコレート、何の関係もないこの三つがひょんなことで結びついて記念日になった。

さらに、それにあやかろうと、その延長でホワイトデーが生まれた。新しい文化の創造とか画期的な発明というものは、こうした突拍子もない組み合わせで生まれることが多い。

ソフトバンクの社長、孫正義さんが世界初となる画期的な機械を考案したのはアメリカの大学に留学した最初の年だった。

孫さんは、20代で事業を興して、30代で1000億円の資産をつくり、それを元手に40代でさらに大きな事業を立ち上げ、50代でそれを成功させるという人生設計を19歳のときに描いていた。

福岡の高校を1年で中退し渡米した。親も先生も「留学は高校を卒業してからでもいいのではないか」と反対したが、孫さんは「時間がもったいない」と言い張った。

アメリカでは約2年間の語学学校を経て、大学に入学した。

語学学校時代に出会った日本人女性と学生結婚した孫さんは、それまでの月20万円もあった親からの仕送りを断り、経済的自立をすると新妻に宣言した。

ただ、自分が描いた人生設計通りに生きようとしたら、皿洗いなどのアルバイトで生計を立てるというレベルの自立では間に合わない。ひと月最低でも100万円の収入が見込める仕事をしなければならないと思った。もちろん学生の本分は勉強なのでこれも疎かにできない。

孫さんは、1日の大半の時間を勉強に費やすために、仕事をする時間を1日5分と決めた。1日5分の労働で毎月100万円以上稼ぐ方法を考えたのだ。

友だちからバカにされたが、彼は前例があることを、松下幸之助の本で知っていた。

それは「発明」である。

「発明とは、まるっきり異なるものを組み合わせることで創り出される」と孫さんは考えていた。

英単語を覚えるときに使ったカードに、思いつくまま言葉を書いた。「本」「ボールペン」「自転車」「傘」等々、それらを一つひとつコンピュータに入力した。

そのとき、その言葉の新しさの指数を10点満点、それに関して自分が持っている知識の指数を50点満点、それは発明に結びつきやすいか、コストはどれくらいかなど、40ほどの判断要素を数値化した。

そして、入力した言葉から三つを組み合わせ、数値化できるコンピュータプログラムを作り、1日5分という時間の中で上位に出てきたものを見て何ができるか、毎日考えた。

こうして何百万通りの組み合わせの中で、最も数値が高かった一組に絞った。

それは、「辞書」と「液晶ディスプレイ」、そして、当時アメリカで開発されていた、人工的に音声を作り出せる「スピーチシンセサイザー」、この三つの組み合わせだった。

「スピーチシンセサイザー」の世界的な研究者は、孫さんが留学している大学にいた。孫さんはアポなしでその教授の研究室を訪ね、自分のアイデアを熱く語った。

「声の出る翻訳機を作りたい。そのためには先生が開発したスピーチシンセサイザーが必要です。試作機ができたら自分がメーカーに売り込みます」と。

教授は、東洋から来た背の低い青年の熱い情熱に賭けてみようと思った。

試作機が完成すると、説明書を日本のメーカー50社に送った。10社が興味を示した。その10社を孫さんは訪問した。その中で「おもしろい」と言ってくれたのはシャープ一社だけだった。

シャープは孫さんと1億円の契約を交わした。これがのちに世界初となる「音声機能付き電子翻訳機」である。

いくつかの異なるものの組み合わせはおもしろい。心がワクワクする。

考えてみると、人生も組み合わせでできている。

過去の様々な経験の組み合わせで「今の自分」がある。
そんな「今の自分」が、これからいろんな人との出会いを通して全く新しい未来が生まれる。すべて世界初の組み合わせなのである。

だから「出会い」はとてつもない人生を創っていく。
一期一会の出会いを大切に。

編集長のひと言

今日生きているこの場所と
今日という時間と今日出会う人という
この組み合わせで面白い明日が生まれる

9 手を合わせたい人に手を合わせていますか

京都で世界一の男に会った。

どんなジャンルであれ、世界一になるということは並大抵の努力ではいかんともしがたいことは理解できるが、それがどれほどのものであるかは想像を絶する。

田中トシオさんは1992年に開催された「世界理美容選手権大会」に挑み、「アーティスティック」「クラシカル」「ファッション」の3部門すべてで個人優勝、さらに団体戦でも日本に金メダルをもたらすという快挙を成し遂げた。

彼の先にも後にも、複数の部門で優勝した人はいない。伝説の理容師である。

田中さんは理容師になりたかったわけではなかった。家庭が貧しかったこともあり、中学卒業と同時に親の勧めで理容学校に入学した。

器用さがものを言う世界で、彼は不器用だった。やっとのことで卒業したものの、髭剃りのとき、カミソリでよくお客の顔を切っていた。

好きでもなければ、やりたくもないことを親から押し付けられたという思いがあった。

「この道で行くしかない」と開き直ったのは19歳のときだった。

「嫌いだからといって逃げ道を探すのはもうやめよう。この仕事を好きになって一流を目指そう」と思えたとき、彼は自分の技能を磨くため、コンテストに挑戦することを決めた。

何度も挑戦するうちに、地方の大会ではそこそこいい成績を収めるようになった。しかし、「日本一」の壁は高かった。

夜9時に店を閉めると、1人目のモデルを相手に稽古した。2人目は10時半から、3人目は12時から。寝るのはいつも午前2時か3時だった。

そんな生活を続けるうちに体を壊し、医者からも家族からもストップがかかった。

それでモデルを1人に絞り、時間も夜9時から12時までにした。毎日稽古するという、自分に課したノルマは変えなかった。

道具にもこだわった。日本一の櫛職人がいる「ヤマコ」という手作り櫛のメーカーに22目《め》の櫛を注文した。

一般に市販されている櫛が10目ほどで、プロの理容師が使っている一番薄い櫛でも18目が限界といわれている。

22目の超薄歯の櫛など常識外れなものだった。

「そんな櫛は作れねぇ」と職人から断られた。

「日本一になるためにはその櫛が必要なんです」と食い下がったが、職人は頑として首を縦に振らなかった。

三度目の電話は1時間以上に及んだ。

「できねぇ」と言い張る職人に業《ごう》を煮やした田中さんは「あんたが日本一の櫛職人だと聞いて頼んでいるんだ。死ぬ気で日本一を追いかけている客の櫛一本も作れないのか」と捨て台詞を吐いた。

数日後、「あんたの思い通りに作れるか分からないがやってみる」と電話があった。

田中さんは答えた。「何本でも買い取ります」

彼の思い通りの櫛ができたのは4本目だった。半年後、その櫛を使って37歳の田中さんは悲願の日本一を掴んだ。

しばらく経って、理容師の講習会場でヤマコさんが店を出していることを知ってお礼のあいさつに行った。

顔を見るなり「田中さんですね」と声を掛けてきた女性がいた。あの職人の娘さんだった。そして、「父は先般亡くなりました」と言った。

あの長い電話の後、こんなことを言っていたそうだ。

「俺は日本一の櫛職人だと自負していたが、歳をとるにつれ楽を選び、普通の櫛ばかり作っていた。あの男に『それでも日本一の櫛職人か』と言われて目が覚めた。意地に賭けても一世一代の櫛を作ってみせる」と。

そして、田中さんがその櫛を使って日本一になったことを知ると、「もう思い残すことはない。職人の誇りをもって死んでいける」と冗談まじりに家族に話していたそうだ。

日本一の栄冠の舞台裏で、もう一つのドラマがあったことを知り、田中さんはその場で男泣きに泣いた。

誰にでも「手を合わせたい人」がいるものだ。だが、その人が自分のために苦労していたことは案外知らないものである。

編集長のひと言

「井戸を掘った人を忘れるな」という言葉がある
手を合わせたい人を忘れない人が
後世に名を残す人になる

10 善人の悪行を裁く「昔話法廷」

殺人事件の裁判を「おもしろい」と言うのは不謹慎だが、その「おもしろい裁判」が、NHKのEテレで放送されていた。

タイトルは『昔話法廷』。三匹の子ブタの末の弟、トン三郎がオオカミ殺しの容疑で今まさに裁かれようとしていた。

まず検察官が事件の流れを説明。それによると、2匹の兄たちがオオカミに殺されそうになり、トン三郎の家に逃げ込んできた。次は自分の命が危ないと感じたトン三郎は、やられる前に先にオオカミを殺そうと考えた。

午後3時頃、オオカミを自宅におびき寄せ、あらかじめ戸や窓には板を打ち付け、煙突からしか入れないようにした。そして、煮えたぎったお湯の入った大きな鍋を煙突の下に用意してオオカミが来るのを待った。

案の定、オオカミは煙突から入ってきた。煙突の内側は油でギトギトになっており、足を滑らせたオオカミはたちまち鍋の中に落ちてきた。トン三郎はすかさずふたをし、その上に大きな石を乗せ、オオカミを死亡させた。

検察官は「これは刑法199条の殺人罪にあたる」と述べた。

それに対し弁護人は、「トン三郎は、自らの命を守ろうとしてやった行為で、正当防衛にあたり、無罪」と反論した。

トン三郎の正当防衛は認められるのか、もし彼が計画的にやったとしたら有罪だ。そこが争点になった。

食事の時間でもなかったのに煮えたぎったお湯を準備していたこと。犯行の三日前に大きな鍋を買っていること、さらに1人ではとても抱えきれないほどの大きな石を鍋のふたの上に乗せていることなどが、計画性を匂わせていた。

続いて、「カチカチ山裁判」が始まった。

被告人のウサギは、自分が親のように慕っていたおばあさんを殺したタヌキに対して敵《かたき》討《う》ちを計画した。

ウサギは、「いい仕事がある」と言葉巧みにタヌキに近づき、焚き木拾いのアルバイトを紹介した。逃亡中のタヌキはお金に困っていたので、すぐに飛びついた。

焚き木を背負って歩いていると、突然焚き木が燃え始め、タヌキは背中に大やけどを負った。

火をつけたのはウサギだった。

そうとも知らないタヌキは、「傷口に薬を塗ってあげます」と言って優しく近づいてきたウサギに、唐辛子を塗りつけられ、気を失うほどの痛みに苦しんだ。

さらにウサギは、泥で作った舟にタヌキを乗せ、池に沈めようとした。

検察官は「ウサギの行為は、刑法199条と203条の殺人未遂にあたる」と実刑を求めた。
タヌキは既におばあさん殺しの罪で逮捕され、実刑判決を受けていた。
この裁判は、敵討ちをしたウサギも殺人未遂の罪で実刑にすべきか、あるいは、おばあさんが殺された無念さ故の犯行であり、情状酌量の余地があるとして執行猶予が認められるか、が争点となった。

実は、この二つの裁判はＮＨＫが夏休みの特番として制作したものである。いずれも裁判官が判決を言い渡す直前で番組は終わる。「あなたも陪審員の一人になったつもりで考えてください」ということだ。
それまで昔話に出てくる悪者は、どんな仕打ちを受けても当然の報いだと誰もが思っていた。物語が書かれた時代はそういう時代だったのだろう。

しかし、悪者を懲らしめたはずの善人も、そのやり方はきわめて残酷で、現代の法律に照らし合わせてみると決して見過ごせるものではない。

ふと、日本だけ悪者にされた東京裁判を思い出した。原爆を投下してたくさんの民間人を殺した当時のアメリカを、この「昔話法廷」で裁いてみたくなった。

かつて大量のアフリカの人たちを拉致して本国で奴隷にした悪行に対しても、この「昔話法廷」なら当時のアメリカを被告人席に立たせることができるだろう。植民地統治下で残虐な人権侵害を行った他の西欧列国の国々だって…。

子ども向けの「昔話法廷」は歴史を別の角度から考察するいい教材になると思った。

編集長のひと言

自分が正しいと思っている人が本当に自分が正しいのかと疑わない限り真に正しい社会は築けない

11 「感謝神経」を磨いて日本を感謝大国に

小学校低学年に講演するのは簡単じゃない。まだ落ち着きがないし、何か語り掛けると、「嘘や!」とか「うぜー」とか、ストレートに返事が返ってきたりする。

ところが「ありがとう株式会社」代表の内田達雄さんは、どんな野次が飛んできても、上手に受け止め、小学生の心を鷲づかみにしてしまう。

それは内田さん自身が今も少年のような心を持っているからだろう。

小学生の頃はかなりの問題児だったそうだ。彼の机だけ、先生の机の横に置かれ、しかも方向は黒板ではなく、生徒たちのほうを向いていた。

その後の人生をざっくり紹介すると、高校卒業後、ミュージシャンを目指して、皿洗い、新聞配達、板金工場とアルバイトを掛け持ちし頑張ったが、結局、挫折。気が付いたら飲食店の店長になっていた。

厳しい労働環境の中で、一発逆転を狙って先物取引に手を出して失敗。貯金がなくなった。

人生をリセットして生命保険の営業マンになった。飛び込み営業の世界はキツかった。朝から晩まで門前払いの日々。夜も眠れなくなり、冷や汗やあぶら汗が止まらなくなった。

ある年の大晦日。飛び込み営業を終えて、夜遅く帰宅した。ＮＨＫの「紅白」が始まっていた。次々と登場するアーティストはみんな成功者の顔をしていた。

自分の顔を鏡で見てぞっとした。死神のような顔だった。ふと保険のパンフレットに目をやった。表紙のモデルは俳優の中村雅俊さんだった。

「こんなさわやかな人が来たらみんな保険に入るわ」と思った。

そのとき、内田さんは鏡を見ながら中村雅俊さんのモノマネで保険のセールストークをしてみた。おかしくて一人笑った。

それから、「紅白」に出ている歌手一人ひとりのモノマネを始めた。

「あの〜、細川たかしと申しますが、ちょっと聞いていただきたい保険のお話がありまして…」という具合に。心がめちゃくちゃ明るくなった。何かが変わった。

信じられないかもしれないが、ダメダメセールスマンだった彼は、翌年、トップセールスマンへと変身していった。

独立後、日本有数の投資家の講演を聞いた。講演後、「どうしたらそんなにお金持ちになれるんですか？」と質問した。意外な答えが返ってきた。

「百万回くらい、『ありがとう』を言っていたら僕くらいの金持ちにはなれるよ」

やってみようと思った。もしなれなかったら、『百万回、ありがとうを言ったけど、お金持ちになれなかった』という本を書こうと思った。

「ありがとう」を百万回言おうといっても、数えるのが大変だ。

そこで思いついたのが、野鳥の会や交通量調査などで使われる「数取器《かずとりき》」と呼ばれる数量カウンターだった。

2年前、内田さんと初めて会ったとき、首から数取器をぶらさげていた。彼はそれを「ありがとうカウンター」と呼んでいた。

「ありがとう」を一つ言うたびに一回押す。ただやみくもに「ありがとう」を言うのではなく、三つのルールを決めている。

一つ目は「何かあったらありがとう」である。人から何かしてもらったら「ありがとう」を言う。これは子どもでもできる初級レベルの「ありがとう」だ。

二つ目は「何もなくてもありがとう」である。特別なことがなくても、毎日動いている心臓などの臓器、自分のために働いてくれる手足、おいしい酸素を提供してくれる周りの自然など、今まで当たり前と思っていたものに「ありがとう」を言う。

これはちょっと意識しないとできないので中級レベルの「ありがとう」だ。

三つ目は「何があってもありがとう」である。ちょっとした不幸や人生のピンチなど、不運なことが起きても感謝する。これは容易ではない。上級レベルの「ありがとう」だ。

とにかくこのルールに則って内田さんは「ありがとう」を言い続け、そのたびに「ありがとうカウンター」を押し続けた。

1万回クリアする度に彼の身の回りに奇跡的な出来事が起こった。信じられない仕事が舞い込んで来たり、思いもよらない人と出会ったり。

何より「ありがとう」を言う癖を身に付けると、「感謝神経」が磨かれて、何を見ても、何が起きても、ありがたく思えてくるそうだ。

最近、彼の「ありがとうカウンター」は64万回を突破した。

「これからのリーダーは感謝の心で満ち溢れたご機嫌の人であるべし」と内田さんは言う。

「まずは日本中の小学生全員に1個ずつ配って、学校と家庭の中を『ありがとう』だらけにしたい」と。

目指すは日本復興と世界平和。「ありがとうカウンター」には、そんな可能性が秘められているような気がしないでも、ない。

編集長のひと言

「ありがとうございます」と多くの人から言われている人は間違いなく誰よりも多く「ありがとうございます」と言っている人である

12 心を込め、思いを乗せた言魂を

小鳥は二つの声を持っている。

状況に応じて発する短い鳴き声を「地鳴《じな》き」といい、求愛や縄張り防衛のときに発する長い鳴き声を「さえずり」という。


地鳴きは、場面場面で発する声のパターンが決まっている。

ヒナがエサをねだる声、敵が来たことを知らせる声、飛び立ちを合図する声など。人間の耳に「ピッ」とか「ギュイー」「ツ」「ガァ」などと聞こえてくる、あの鳴き声がそれだ。


一方、さえずりは複数の音節からなり、鳥の種類によっていろんなパターンがあるそうだ。ウグイスのさえずりは比較的短いが、ヒバリのそれは数十秒も続く。

人間の耳にメロディアスに聞こえるため、昔から多くの詩人が、小鳥のさえずりを「歌」

と表現してきた。

30年以上も小鳥の「さえずり」を研究している岡ノ谷一夫さんは、著書『さえずり言語起源説』(岩波書店)の中で、「地鳴きは本能的に発する声なので研究の対象にはならないが、さえずりは親から子へ伝えられる学習したコミュニケーション言語である」というようなことを述べている。

さえずりは小鳥の文化なのである。

小鳥がそうなのだから、きっとほとんどの動物が生まれながら持っている声と、仲間同士でコミュニケーションし合う声をちゃんと使い分けているのではないだろうか。

言われてみると人間にも、本能的に備わっている声と学習によって会得するコミュニケーション言語がある。

たとえば、赤ん坊の泣き声は「おむつが濡れて気持ちが悪い」「お腹が空いた」「眠い」など、訴える内容で微妙に異なる。

その一方で、周囲から語り掛けられた言葉が脳に入力され、ある一定期間を経て、コミュニケーション手段の言葉として出力されるようになる。

鳥や動物と違うのは、人間は言葉に心を込めたり、理性では抑えられない情念を込めたりして、相手を幸せな気持ちや嫌な気持ちにすることがある。

そんな言葉を昔の人は「言魂《ことだま》」と呼んだ。「言葉には魂がある。だから言葉に気を付けなさい」と。

さらに、「言葉には霊力がある」と信じる人たちがそこに宗教的な意味合いを含ませ、「言《こと》霊《だま》」と書くようになった。口に出した言葉が現実の事柄に影響を与えるというのである。「良い言葉を発すると良いことが起こり、不吉な言葉を発すると良くないことが起きる」と。

結婚式でケーキを「切る」と言わずに「ナイフを入れる」と言ったり、「これで終わります」と言わずに「お開きにします」と言うのも、言霊思想に基づいているのだろう。

先日、「営業人《びと》はいい音をお客様に届けなければならない」と主張する「永業塾」の塾長・中村信仁さんと話していたら、「言魂には二種類ある」という話になった。

一つは「音魂《おとだま》」である。

仕事で言葉を声に出すときは「いい音」であることが大事だ。商品説明であれ、セミナーや講演であれ、どんなにいい話をしていても、「いい音」でなければ相手の心に届かない。「いい音」とは、いい声でなく、滑舌の良さ、張りのある声、メリハリのある話し方、時には笑顔で話したり、真顔で訴えるなどの「演出」も含まれる。

もう一つは「文字魂《もじだま》」である。

思いを文章にして相手の心に届けようと思ったら、ラブレターのように一生手放すことができないような文章でなければならない。

みやざき中央新聞も、記事や社説、読者の皆さんへのお手紙に、心を込め、思いを乗せてきた。霊力はないが、読んだ人の心が少しでも豊かになるような「文字魂」を発信してきた。

これまで「世界で唯一いい話、いい言葉だけを発信する新聞です」と言ってきたが、1年前、愛知県の細川友茂さん（35）が「私もこんな新聞を作りたい」と、弊社にやってきた。
そして『きぼう新聞』が生まれた。細川さんもまた『きぼう新聞』と共に「文字魂」を届けようと奮闘している。

編集長のひと言

ビジネスの要は言葉だろう
あなたの話す言葉、書く言葉は
相手の魂を揺さぶっているだろうか

13 ほめられたら「その気」になろう

学校で、ひとクラスをAとBの二つのグループに分け、テストをする。Aグループの生徒には一人ひとり採点した答案用紙を返す。Bグループの生徒には答案用紙は返さず、その代わり一人ひとり生徒を呼んで「この間のテストはよくできていた。職員室のほかの先生たちもびっくりしていたよ」などと言ってほめる。

しばらくしてまたテストをする。

答案用紙を返すのはAグループだけ。Bグループの生徒には前回同様、「今度もよくできていた。おまえ、最近すごいなぁ。やる気が出てきたみたいだな」と言う。

こういうことを3、4回繰り返した後で、ABそれぞれの平均点を出すと、Bグループのほうが目に見えて成績が上がっているという。

これは「ピグマリオン効果」と呼ばれるもので、人は、ほめられると頑張ろうという意欲が増し、学力向上や技術習得の上達に大きく作用するといわれている。

ただこれには注釈があり、怠けている人や努力不足の人をむやみやたらにほめても逆効果になる。大切なことは「ほめること」ではなく、「ほめ方」なのだそうだ。

「ピグマリオン」とはギリシャ神話に登場する彫刻家である。心が純粋過ぎて、女性の短所が一つでも見つかると嫌いになってしまうため、誰も好きになれず、彼は「結婚はするまい」と心に誓う。

しかし、若さ故にほとばしる欲情から美しい乙女の裸婦像を彫り上げる。それがあまりにも見事な出来栄えだったので、ピグマリオンは神に祈る。「この像に生命を与えてください。願わくば私と結婚させてください」と。

するとある日、彫刻の女は本当に生身の人間となり、ピグマリオンの妻となって子どもまでもうけてしまう。

この場合の「ほめる」とは、ピグマリオンが彫刻の女にした行為だろう。

彼はまずその女に「ガラテイア」という名前を付け、服を着せ、耳飾りやダイヤの指輪、真珠の首飾りで装飾した。

ガラテイアは次第に「その気」になり、人間になってしまったのである。

外山滋比古《しげひこ》さんの『知的文章術』（大和書房）という本の中でこの話を読んだ時、最近経験したこんなことを思い出した。

実は今、宮崎県内限定なのだが、いくつかのテレビCMに出ている。

撮影の際、いつもそうなのだがワンカットの度にディレクターが言う。

「はい、ばっちりです。言うことありません。とてもいいです」と。

そして、その後で彼は必ずこう言うのだ。

「えーっと、強いて言うなら水谷さん、もう少し自然な感じでお願いします」とか「もうちょっと笑顔を…」とか。

つまり、全然「ばっちり」でも「言うことありません」でもないのだ。だから同じシーンを何度も撮り直す。

でも、その度にまたほめられるので気落ちすることもなく、むしろ「ディレクターの要求にもっと応えよう」という気持ちになるのである。

撮影というのはかなり時間がかかる。たった15秒のCMでも普通は約3時間くらい現場にいなければならない。それでもディレクターのほめ言葉でいつも終始和やかな雰囲気なのだ。

人生にはほめ言葉が必要である。自分の周りに、ほめ上手な人を1人か2人「置いておく」といい。逆にあなたがほめ上手になると、必ずあなたは必要とされる人になるだろう。

時々、「すごい」「立派」「きれい」などと言ってほめると、「いえいえ、そんなことありません」と、言われたほめ言葉を否定する人がいる。もったいない。

大事なことは「ありがとうございます」と言って「その気」になることだ。そうすると、そのお世辞通り、いつか「すごい人」「立派な人」「きれいな人」になっていく。
ピグマリオンの神話は事実ではないが、真実なのである。

編集長のひと言

あなたが今発している言葉を
最初に聞くのはあなたの耳である
人はまず自分の言葉で「その気」になっている

14 「時間がない」を禁句にしよう

キム・ナンドさんの著書『つらいから青春だ』（ディスカヴァー・トゥエンティワン）の中に載っていた大学教授・Nさんの話がおもしろかった。Nさんは多忙な日々を送っていた。土日も研究室に詰めているので休みもない。家人からは「健康管理にもっと気を使ってください」とか言われ、友人からは「家族との時間も少しは大事にしろよ」などと言われていた。

そんなとき、Nさんはこう答えていた。

「分かっているんだけど、忙しくて時間がないんだよ」

そんな彼がある日、雑誌を読んでいたら興味深い記事に目が留まった。テレビでも有名な外科医のインタビュー記事だった。

その外科医は毎朝2時間のラジオ番組に出演し、新聞・雑誌の連載を15本抱え、講演は月平均30本をこなす。

年に1冊のペースで本も出版している。そして週に1日、友人の病院で本業の診察をしている。

「このうちの一つだけでも大変なのに、どうすればこんな働き方ができるのだろう」、Nさんは不思議に思った。

その秘訣は、記事の後半に書かれていた。その外科医はある年の元日に、五つのことをやめる決意をしていたのだ。

酒、タバコ、ゴルフ、ギャンブル、そして友人からのいろんな誘惑に乗ること、である。

「だから私にはたくさんの時間があるんです」という外科医の言葉にNさんは驚いた。

さらに衝撃的な言葉が続いていた。

「私が一番嫌いなのは『時間がない』という言葉です」

「忙しい」ということと、「時間がない」ということは同義語ではないようだ。
「時間管理とは優先順位を付けることだ」とNさんは気付いた。
自分にとって大事なことや「何のために」ということがはっきりしていることを優先順位の上位にもってこなければならない。病気のときは当然休むことが優先順位の1位に来るのはいうまでもない。

と同時に、自分の時間を奪う行為はやめることだ。そのために「時間ドロボー」を見つける。たとえば、電子ゲームをしている時間とか。何をやめるか、何をしないかを決めておく。「やるべきこと」と「やらないこと」を明確にしていれば、もう「忙しくて時間がない」とは言わなくなる。

「営業人《びと》とは、物を売る仕事をしている人ではなく、人と接することを生業としている以上、人としてどうあらねばならないかを自分に問い続けている人である」

こんな精神で永業塾は全国8か所で月一回開催されている。

参加者は営業職に就いている人だけではなく、経営者や教師、医師など、多種多様である。

㈱アイスブレイク代表の中村信仁さんが塾長を務める。中村さんはよくこんな話をする。

「バケツにまず大きな石を入れます。次に小石を入れます。もう何も入りませんか？　隙間に砂利が入りますよね。さらにその隙間に砂が入ります。さて、これは何のたとえだと思いますか？」

「忙しい」日々を送っているビジネスマンはうっかりしているとやるべき優先順位を誤ってしまい、つまらないことに多くの時間を費やしてしまうことがある。

「大きな石」とは自分にとって一番大事なことだ。「小石」はその次に大事なこと。そして「砂利」「砂」と続く。

中村さんは言う。

「最初に小石や砂利をバケツに入れたら、あとで大きな石は入らなくなる。だから大きな石を最初に入れなければならない」と。

まず「大きな石」を手帳に記入する。それは家族と自分自身に関すること。年頭に当たり、家族の誕生日や記念日を手帳に記入する。

次に映画を観る日、親孝行する日、家族旅行をする日を決め、記入する。健康診断の日も決めておこう。それから1年をスタートさせる。

次々に入ってくる仕事の予定は当然、先に記入した日以外の空いた日に入れる。

「時間がないこと」を忙しさのせいにしてはいけない。時間がある暇なときほど、大事なことをしていないものである。

編集長のひと言

これからは「忙しい」と言わず
「盛り上がっています」を口癖にしよう
仕事を丸ごと楽しんでいそうである

3章

「商売繁盛」も時代と共に変わっている

15 感動は「モノ」ではなく「コト」だった

残念なレストランに入った。

ネット割引券をダウンロードして、オーダーのときに「これ、お願いします」と言ったら、「このメニューは当店では扱っていません」と言われ、こっ恥ずかしい思いをした。

ちょうど同じ頃、大阪にある面白い居酒屋の話を聞いた。その居酒屋と似たような名前の居酒屋が近所にあるらしい。たまにお客がその店の「無料ドリンク券」を持ってくるという。

店員は最初「これはあちらのお店のものです」と断っていたが、そういうことが続いて、店の大将はとんでもないことを考えた。

「○○屋の無料ドリンク券、うちでも使えます」と表示したのだ。そのことで売り上げが上がるかどうかはどうでもいい。ただ、「客にこっ恥ずかしい思いをさせてはいけない」という思いからだった。

確かに、彼女を連れて来ている男が割引券を出す段階でアウトなのに、さらに「この割引券は使えません」とか「これ、有効期限が切れてます」などと言われると、男のメンツ丸つぶれである。

間違えたお客が悪いのだが、「これ、使えます」とか「有効期限、切れてますけど大丈夫です」と言われたら、きっとその店のファンになるだろう。

生ビールが一杯タダで飲めたというレベルの喜びではない。その懐の深さと心の温かさに感動するのだ。

店側としてもドリンクだけ飲んで帰る客はいないので損はしない。第一、よそのサービス券を利用可にすることで、印刷コストがゼロになる。最も大きな効果は話題性だ。「あの店ってあんなコトやっている」、これが口コミやネットで広がる。

静岡に話題性で全国的に有名になった居酒屋がある。店の名前は知らなくても、「看板のない居酒屋」で有名になった。

静岡に行ったとき、友人に連れていってもらったが満席で入れなかった。そこはなんとラブホテルの地下にあった。

本当に看板はなく、ドアの前に小さく「岡むらう作」と出ているだけだった。道に迷った客から電話があったら、「ラブホテルの地下です」と言えば、一発で辿り着ける。ラブホテルの看板が目印になっているのだ。

その後、別の店で飲んでいたら、「宮崎から編集長が来てる」と聞いて、「岡むら浪漫」の社長、岡村佳明さんがわざわざ会いに来てくれた。

元々は、60年前に母親が藤枝市で始めたカウンター5席の小さな居酒屋だったそうだ。駅から車で10分。立地条件は悪かった。その店を母親は19歳のときから始め、繁盛店にしていった。

そんな母親のもとで岡村さんは遊び大好き人間に育った。

「家業だから自由に遊べる」という不純な動機で、23歳のとき、母親の手伝いをするようになった。

母親は少しずつ周囲の土地を買ってはその度に店を改築していった。三度目の改築をしたとき、「おふくろの最後の夢なんですよ」と客につぶやいたら、その客からものすごい剣幕で怒られた。

「お前はどこまでバカなんだ。お母さんの夢じゃないよ。お前の将来のためにやってるんだよ」

35歳になっていた岡村さん、ハンマーで頭を殴られたようなショックを受けた。そこから本気になった。

2年後、自分の店を出した。母親の志津枝さんに敬意と感謝の気持ちを込めて、店の名前を母親のニックネーム「しぃぼー」にした。

3軒目の店は父親のフルネーム「岡むらのぼる」にした。

4軒目は父方の祖父の名前をとって「岡むらう作」。

5軒目は母方の祖父の名前をそのままもらって「兼次郎」。

6軒目は父方の曽祖父で「岡むらいきち」。

「ご先祖様の名前を店名にすると自分が守られているような気持ちになるんです」と岡村さんは言う。

彼の著書『看板のない居酒屋』（現代書林）に、「コトづくり」の話があった。

現代人にとって「モノ」は当たり前になった。客の心を掴むのは「モノ」ではなく「コト」なのだ、と。「あんなコトをしてくれた」「こんなコトをやっている」、その「コト」が心に残る。

だから、看板も宣伝も安売りもしないのに、客は「コト」に感動して帰り、また来る。

編集長のひと言

お客が店を出た後、お店の中で感動したことを誰かに伝えたくなるようなサービスをいかに提供できるか、いつも考えよう

16 批判せずに「残念」と思えばいい

作家の美崎栄一郎さんと出会った。

美崎さんの本は実に多彩だ。文房具の専門書もあれば、手帳術の本もある。ほとんどがビジネス書だ。しかし、なぜか「子ども心」がくすぐられる。

思わず手に取ってしまったのが『仕事はできるのに机がぐちゃぐちゃで困っているきみへ』（アスコム）だった。

『仕事ができる人はなぜ「あそび」を大切にするのか』（実業之日本社）や『Facebookバカ～友達を365日たのしませる男の活用術』（アスコム）、『iPhone買っちゃった!? けど、使いこなせてないあなたへ』（ソシム）にもワクワクさせられた。こういう本を書く人はきっと心が永遠の少年に違いない。

美崎さんに教えてもらった素敵な日本語がある。それは「残念」という言葉だ。

買い物に行った店で店員の態度が横柄だったり、サービスの悪いレストランで食事をしたりすると悪態をつきたくなる。面と向かって言わなくても誰かにその店の悪口を言いたくなるものだ。だが、それは決して品のいい行動ではない。

そういうときは、「ひどい店」「サービスの悪い店」などと言わないで、「残念な店」「残念なサービス」と思えばいい。

「あいつはイヤな奴」と批判するのではなく、「残念な人」と思ったほうが感情的にならなくて済む。

「残念」と思うことで、心の中にある怒りや悔しさ、相手を許せない気持ちが優しくなり、穏やかになる。「残念」には「あなたへの好意はまだ私の中に残っています」という気持ちが込められているのだ。だから、「念（思い）が、残る」と書く。

美崎さんは、日常の中で残念に思ったことを『残念な努力』（青志社）という著書の中で吐露している。

たとえば、「残念な年賀状」の話があった。

何年も会っていない人でも、年に一回、1枚の便りで身近に感じさせてくれるのが年賀状だ。にもかかわらず「謹賀新年」と印刷屋さんが用意した定型文章だけの年賀状が届くと残念な気持ちになる。

「こんな年賀状を何千枚送っても、喜ぶのは印刷屋と郵便局だけで、受け取った人には何にも伝わりません。印刷でもいいけど、『旧年は入院しました』とか『今年は山登りに挑戦します』とか、何か情報を載せるべきです」と美崎さん。

「残念な努力」とは、本人は一生懸命やっているのに、それが無駄なエネルギーであったり、客のためになっていないサービスだったりする。そのことに気が付いていないから、ずっとやり続けてしまう。だから「残念な努力」になる。

飛行機に乗るとき、いつも残念に思うサービスがある。

よく混雑を避けるために後方座席の客を先に搭乗させ、その後に前方座席の客を案内する場面に出食わすことがある。

しかし、結局機内で立ち往生する。前方だろうが、後方だろうが、窓側の客が後から来たら、先に座った通路側の人はいちいち席を立たなければならない。これをあちこちでやっているから機内はスムーズに流れないのである。

たまに窓側とそのお連れ様を先に搭乗させ、その後に通路側の客に案内するサービスに出会うとちょっと嬉しくなる。

著書『残念な努力』にはこんな残念な人たちも紹介されていた。

お願い事があるときだけ連絡してくる人。
好きな人に告白せず悶々とした日々を送っている人。
常連の店を持っていないために外食するときはいつも適当に見つけたお店やチェーン店に入る人。

電車や車をただ移動するためだけに使っている人。

すごい人と出会ったとき、「またお会いしたいです」と言いながら、次の約束をしない人等々。

自分の胸に手を当ててみたら、思い当たる節がたくさんあった。

残念な人、残念な店、残念なサービスには学ぶべきことが大いにある。

編集長のひと言

**「残念」と思うだけでマイナスの感情にならない
怒ったり、愚痴を言ったり、
不満を言うのはバカバカしい
自分の精神性を下げるだけだ**

17 物を売る人に宿る心の美しさ

お役所の人と仕事をしていてたまに残念な気持ちになることがある。講演を依頼されるのだが、その際、会場で本の販売が認められないのだ。

理由は、主催が公的機関であり、場所が公共施設だからだ。物を売る行為が営利目的と思われている。さらに突っ込んで聞くと、お金を直接やり取りする行為が公共施設内では好ましくないという。

士農工商時代の感覚が今も意識の片隅に残っているような気がする。

最近の歴史研究によると江戸時代の身分制度は不適切な解釈だったとして、今「士農工商」という言葉は教科書から抹消されているが、お金を直接さわる商行為に対してお役人はかなり抵抗があるようだ。

時代劇や昔のドラマにはよく卑しい商人が登場していた。モミ手をしながらペコペコ頭を下げ、うわべだけの笑顔をつくって、時にはウソ八百の説明をして安価な商品を高く売りつける商人は、確かにいたかもしれない。

しかし、真の利益や企業の発展は倫理・道徳の上にもたらされるものだ。このところ大企業の不祥事が問題になっているが、成功しているように見えても倫理・道徳に背く企業活動には必ず天罰が下る。「金は天下のまわりもの」と昔からいうように、「天」からしっかり見られているのだ。

「利益は、物を売る行為の目的ではなく結果である。目的は商品を手にした人を幸せにすることだ。商いはお客様の幸せのためにある」

昭和29年、商業界ゼミナールに初めて参加した西端行雄《にしばたゆきお》氏は、この「商人道」の教えに心底感動し、帰ってきて妻の春枝さんに叫んだ。「春枝、僕らが選んだこの道に間違いはなかった」と。

戦前、行雄氏は国民学校の教師をしていた。終戦後、GHQの統制で教科書のあちこちに墨を塗らなければならなかった。そんなことを児童にさせた自分が許せず、昭和20年の秋、辞職した。

行雄氏は商人になった。一軒一軒訪ねて物を売る。最初は「夫にそんなことはさせられない」と、春枝さんが1人で行商を始めたが、「女房だけ働かせるとは何事か！」と父親に叱られ、行雄氏も行商に出た。ある時は高野豆腐を、ある時は軍足を、ある時は生そうめんを売った。生そうめんはなかなか売れなかった。

ある時、大阪・飛田の遊郭に飛び込んだ。

出てきた白首の娼妓《しょうぎ》に「これ、乾燥してないのでずるずるに溶けるんです」と説明したら、「アホ、商売人はほんまのこと言うたらあかんのや。あんた、正直やから全部買《こ》うたるわ」と、仲間の娼妓を呼んで売りさばいてくれた。

「今日のことは一生忘れられない」と、その夜、行雄氏は泣きながら春枝さんに語ったそうだ。

彼の正直な商いはその後も崩れることなく、それがかえって信頼を生み、やがて一坪半の「ハトヤ」という店を大阪・天満橋駅近くに出すまでになった。
夫婦で始めたその店が、やがて㈱ニチイとなり、創業から24年後の昭和48年には年商1000億円、従業員数1万3000人もの大手小売店に成長していく。

草創期は迷いもあったが、前述した商業界ゼミナールに出合ってからは、行雄氏の正直さと「商人道」がぴったり合わさり、紆余曲折しながらも、行雄氏が目指す「お客様のための商い」は成長し続けた。

行雄氏の死去から6年後、ニチイは「マイカル」と屋号を変え、日本初の大型商業施設を全国に展開していった。

しかしバブル経済崩壊後はその煽りを受け、2001年に経営破綻した。

事業を引き継いだイオンの岡田卓也会長はマイカルの社員にこう語ったそうだ。
「イオンの経営理念にならなくてもいい。ニチイの創業精神に戻してやってくれればよし」と。

先般、春枝さんにお会いした。噂通り美しい女性だった。とても95歳には見えなかった。

あの気品は一体どこから出てくるのだろう。きっと「西端行雄という実直な男と36年間共に生きてきた」という誇りからではないかと思う。

編集長のひと言

客商売をするなら人に好かれなければならない
だから外見は極めて重要だ
心を磨き続けていると人は美しくなるものである

18 売り上げは心が作り出している

先日、自営業をしている友人が「仕事に行き詰まり、先が見えなくなった」というようなことを言ってきた。

ちょうどいいタイミングで「オラクルひと・しくみ研究所」の小阪裕司さんの話を聴いたばかりだったので、彼に小阪さんの本を紹介した。

「あなたのお店の商品が売れないのは、近くに大型ショッピングセンターができたからじゃない。同じ物がネットで安く売られているからでも、不景気だからでもない。お客があなたの店でその商品を『買いたい』『何がなんでも買いたい』と思っていないだけです」と小阪さんは講演の中でこう語っていた。

最初に、ある過疎の町にある50坪ほどのスーパーの事例が紹介された。

年々売り上げが減り続け、オーナーの鈴木さん（仮名）は「ここでスーパーを続けるのは無理」と廃業を決意した。そして新たな事業を起こそうと、小阪さんが主宰する「ワクワク系マーケティング実践会」に入会した。

結果、どうなったか。鈴木さんは廃業を思いとどまり、もう一度同じ場所で商売を続けることにした。その後、売り上げは回復し、しかも毎年過去最高の売り上げを更新しているという。

店名を変えたわけでもなく、改装してイメージチェンジを図ったわけでもない。売っている商品も値段も以前と同じだ。また、通販や宅配などの新事業を始めたわけでもない。鈴木さんが変えたのはただ一つだけ。冒頭に紹介した小阪さんの言葉に刺激され、考え方、すなわち頭の使い方を変えたのだった。

それまでは、たとえばお客が牛乳を買いに来る。入店し、牛乳が並んでいる所に行って、牛乳パックを掴み、レジでお金を払って出ていく。滞在時間は約3分。売り上げは198円。

小阪さんは鈴木さんに聞いた。

「お客さんは牛乳が置いてある所に行くまで、なぜ途中の商品の前で足を止めなかったのでしょうか?」

鈴木さんは言った。

「そんなこと考えたこともありません」

ここに原因があった。小阪さんは言う。

「近くに量販店ができたからとか通販をやっていないからなど、原因を取り違えると打つ手を間違えます」

注視すべきは入店したお客の「行動」だという。お客が「いくつかの商品の前で足を止め、それらの商品を買い物かごに入れ、元々買うつもりだった牛乳と一緒にレジに持っていく」という行動を取れば売り上げは3倍にも5倍にもなる。

その予定外の「行動」は何がつくり出すのか。間違いなく「心」だ。「欲しくなった」という心の衝動が「買う」という行動の背景にある、と小阪さんは言う。

ここで多くの人が「鈴木さんは何をしたのか」を知りたがる。しかし大事なことは鈴木さんがやった「必殺技」ではなく、そこに至るまでの「ワクワク系」の考え方、頭の使い方なのだそうだ。

小阪さんが提案する「ワクワク系」とは、「商品の価値をお客の感性に訴えることで価格競争に巻き込まれず、適正価格でもお客は喜んで買う、そのための理論と手法」を意味する。

たとえば、「これはフランス原産の赤ワインで、商品名は○○といいます。○○と○○など4種類のブドウから生まれたワインです」と説明されても心は動かない。

しかしこう説明書きがあったらどうだろう。

「実はフランスに天才醸造家が政府に逆らってまでして作ったワインがあります。有名な○○というワイン評論家が『彼のワインを見つけたら走って買いに行け』と言っているほどです。これがそのワインです」

心が動き、ちょっと飲んでみたくなるのではないだろうか。

「どんな情報を提供するかでお客の心が動き、行動が変わり、売り上げが一変します」と小阪さん。これが「ワクワク系」。

売り上げは間違いなく心が作り出している。言われてみればその通りだが、言われるまで気付いていていないものである。

編集長のひと言

**どんな商品にもどんな商売にも「背景」、すなわちストーリーがある
それを語らないで何を語るのだ**

19 諭吉さんから聞いたお金の話

お金が絡んで人生につまずく人は多い。というより、転落の人生にお金が絡んでいるのは世の常である。

「転落」とまではいかなくても、お金が原因でそれまでよかった人間関係にひびが入ることも少なくない。

三重県在住の北岡恵子さんも、お金の使い方を巡って夫婦喧嘩が絶えなかった。

恵子さんはある日、不思議な体験をした。

1万円札の福澤諭吉に向かって、「ねぇねぇ、諭吉さん。もっと我が家にいっぱい来てよぉ。困っているんだから人助けと思ってさ」と話し掛けたら、なんと諭吉さんがしゃべってきたのだ。

「お金はね、自分との付き合い方なんだよ」と。

雷に打たれたような衝撃を受けた。

「そうか、自分が自分を嫌いでいる限り、お金との付き合い方もおかしくなるんだ」と、それまでの悩みが吹っ飛んだ。

そして思った。「『金が物を言う』ということわざがあるけど、本当だったんだ」

その日から恵子さんは諭吉さんとおしゃべりをするようになった。諭吉さんは言いたいことがたくさんあったらしく、恵子さんの質問に応えて、しゃべりまくった。

その話があまりにも面白いので、「自分一人が聞くのはもったいない」と本にした。地方の新聞記者をしていた経験を生かして、インタビューという形でまとめた。

タイトルは、『感謝感謝のお金道』(きれい・ねっと)。

「お金道」というのも諭吉さんから出てきた言葉だそうだ。

「剣道、柔道、華道など、昔から続いてきたものにはすべて『道』が入っているよね。お金にも使い方の流儀があるんだよ」

恵子さんが、「お金がないと不安です」と言うと、諭吉さんは言った。

「お金がなくなるんじゃないかというのは錯覚だよ。『錯覚』って、『昔お金があったことをいつまでも覚えている』って書くだろう？　それを錯覚というんだ」

「お金たちがつくっているのは『今』という瞬間の喜びなんだ。今、今、今の繰り返しが未来へとつながっていくんだ」

「私たちを使って得た喜びに感謝して、私たちをリスペクト（敬意を表する）してくれたら、また戻ってくると約束するよ」

「諭吉さんはどういう人のところに行きたいと思うのですか？」と恵子さんは質問した。

「その人にふさわしい分だけ私たちは行く。器の大きな人のところにはたくさん行くし、小さな人にはそれなりに。器にほころびがあったら出ていくよ」

「どうしたら人間の器が大きくなるんですか？」

「『今』という瞬間を喜んで生きると決めること。過去を後悔せず、未来に不安を持たず、『今』を大切にする。両手を心臓に当てて、鼓動を感じながら、『大丈夫、大丈夫。今を喜んで生きる』と自分に向かって約束するんだ」と諭吉さん。

恵子さんが「ワクワクしますね」と言うと、諭吉さんは言った。
「実は、その『ワクワク』が今を喜んで生きるキーワードなんだ。腹の底から絶えることのない喜びが泉のように湧いてくることを『湧く湧く』というんだよ」と。

恵子さんが「いつ、どんなときも『今』を喜んで生きるなんて無理ですよ」と言うと、こう切り返された。
「器が小さいということはそういうことなんだね」

諭吉さんが繰り返し言っていたのは「私たちお金は循環する」ということだった。
お金はただ「立ち寄る」だけ。だから、自分がお金を循環させる「通り道」になることが大事なのだそうだ。

もう一つ、諭吉さんが行きたいと思う人は自分をリスペクトしている人らしい。「お金が無いと叫んでいる人に聞いてみたらいい。１００％自分が嫌いで、不平不満、愚痴の多い人だから」

諭吉さんの話はさらにお米の話や古事記、皇室の話にまで深まっていく。

このインタビュー本の第二巻は5000円札の樋口一葉へのインタビューになっている。今後、1000円札の野口英世、そして2000円札の紫式部と続き、4部構成で完成なのだそうだ。

国を栄えさせ、人を喜ばせ、自分も幸せになるお金の流儀をお札の人たちに学ぶ。この発想が面白い。ワクワクしてきた。

編集長のひと言

紙に1万円札の図柄を描けますか？
日々お世話になっている大好きなお札なのだから
もっと関心を持とう

20 あなたの仕事はなんですか？

とあるセミナーでの一コマを思い出した。講師が参加者に「あなたの仕事はなんですか？」と問い掛けたのだ。

ある人は「教師です」と言い、ある人は「保険の営業です」と言った。

講師はこう返した。「皆さんが言っているのは職業です。私が聞いているのは仕事。つまり、その職業を通してどんな仕事をしているのか、ということです」

みんなしばらく考えた後、「教師」と答えた人はこう言った。「大人になってから学ぶことのほうがはるかに多いので、私は教師という職業を通して子どもたちに勉強の仕方と学ぶことの楽しさを伝えています」

「保険の営業」と答えた人は、「人生には『お金で解決できる悩み』と『できない悩み』があります。『お金で解決できない悩み』とは、たとえば家族間の悩みです。その『お金で解決できない悩み』にお客様が集中できるように、『お金で解決できる悩み』を解決させていただくのが私の仕事です」と話していた。

このことを思い出したのは、先日、大阪で『ベテラン弁護士の「争わない生き方」が道を拓く』（ぱる出版）の著者・西中務さんと出会ったからだ。

今年で弁護士生活46年になる西中さんのもとには、これまでいろんな人が「法律で何とかならないか」と、さまざまな揉め事を持ってきた。法律で争う場合、片方が「訴える側」で、もう片方が「訴えられる側」になる。西中さんが受ける相談の8割は「訴える側」だという。

たとえば、「長年働いてきた会社から退職勧奨を受けたのだが、もらえるはずの退職金が思ったより少なかった。裁判をして勝てば会社の提示額以上の退職金がもらえるのではないか」という相談があった。

西中さんは、「そんなことよりもっと大切なことがあるんじゃないですか？」と言って、争うより和解を勧めた。

「依頼者の真の幸せは何かと考えると、争うより争わないほうがずっと幸せだと思うのです」と西中さんは言う。

冒頭に紹介したセミナーに西中さんが参加されていたら、きっとこう答えるだろう。

「私は弁護士という職業を通して、どうすれば幸せを感じ、喜びに溢れた人生を送ることができるかを依頼者に考えてもらう仕事をしています」と。

そんな西中さんも若い時は「争って勝つことがすべて」と思っていた。

ある日、スーパーの中で精肉店を営んでいた男性から「オーナーに『別の精肉店が入ることになったので出ていってほしい』と急に言われた」という相談があった。

西中さんは「損害賠償金を請求しましょう」と提案したが、男性は「長年お世話になったオーナーと争いたくない」と言って、結局文句を言わずに出ていった。それどころかきれいに掃除をし、「今までお世話になりました」と丁寧に頭を下げた。

その後、前より条件のいい場所で出店することができた。それはオーナーの人脈のおかげだった。

数年後、精肉店は成功し、もう一店舗出そうと考えていたところに、あのスーパーのオーナーから「戻ってきてほしい」と言われ、結果的に彼は二つの店を持つことができた。

「もし損害賠償金を請求して争っていたらこんな展開にはなっていなかったでしょう」と西中さんは言う。

退職勧奨を受けていたあの男性も争うことなく退職した。その際、会社から関連会社を紹介してもらい、再就職できた。大手企業からの紹介だったので新しい会社では高い地位をもらうことができ、前の会社に感謝しているという。

「争わなくて済むのならそれに越したことはありません。同業の弁護士から『仕事がなくなる』と言われそうですが、こんな弁護士が世の中に1人くらいいてもいいではありませんか」と西中さん。

もちろん「お金」そのものが問題なのではない。「お金」は人を幸せにするのに十分なものだ。しかし時として「お金」のせいで不幸になる人もいる。怒りや憎しみ、恨みが絡んだ「お金」は人を幸せにしない。西中さんはそのことを見てきたのだろう。

※西中さんは平成30年2月1日、病気のため逝去されました。

編集長のひと言

今一度自問してみよう
自分は今の職業を通してお客様に、
そしてこの社会に
どんな働きをしているのかを

〜役職についても成長し続けるための40の秘訣〜

4章

「価値観」を変えると新しい自分が生まれる

21 成功する前に叶えている幸福感

ここ数年、成功のためのセミナーやお金持ちになるための書籍をよく目にするようになった。

「成功」とは、とにもかくにも経済的な成功、すなわち、「お金持ちになること」であり、とりわけバブル経済崩壊後の日本に、アメリカからやってきた成功哲学が、若者の間でちょっとしたブームになっている。

振り返ってみれば、自分もそのようなセミナーに好んで参加してきたし、その類の本が自宅の書棚に並んでいる。

アメリカ型の成功哲学には次のような特徴がある。

まず叶えたい夢を明確にする。

その夢を実現させるために何を犠牲にするかを決める。

そしていつまでに達成するのか期限を決め、それに従って中期・短期の目標を設定して行動する。

また、それらを紙に書き、見えるところに貼ったり、いつも持ち歩いて1日に何度も見る。起床後と就寝前にそれを声に出して読みながら、成功している自分をイメージする。

これをやっていけば夢は叶う、ほぼ間違いなく。

しかし、この成功法を知っている人の中で、実際に「紙に書く」「声に出して読む」ことをやっている人は1％くらいしかいないらしい。「知っている」と「やっている」はこれほどの差があるというわけだ。

ただ、「成功哲学」という割りには、「成功とは何か?」「幸せとは何か?」という哲学的なアプローチはない。

それは個々人で考えることで、とにかく西洋人にとっては「経済的な成功＝幸せの実現」なのである。

『日本はなぜ世界でいちばん人気があるのか』（PHP研究所）や『現代語古事記』（学研）などの著書で知られる竹田恒泰さんは、ここにある種、疑問を呈している。

「成功哲学は西洋の考え方であって、日本人には合わない」と。


西洋人は成功すると自家用機やボートを手に入れて、長期バカンスを楽しんでいるのに、日本人のお金持ちは、いろんな役職に就かされ、多忙を極めている。

成功者のイメージとして、「西洋人＝働かない」「日本人＝忙しい」というのだ。


そもそも「労働観が根本的に違う」と竹田さんはいう。

西洋社会のベースにあるのはキリスト教だ。その経典である聖書の冒頭に労働観が記されている。

アダムとイブが、エデンの園にあった禁断の木の実を食べたことで神の怒りにふれ、「おまえたちは一生苦しんで地から食べ物を取る」と言われる。

つまり、労働は「神の言うことを聞かなかった罰」なのだ。

だから、額に汗して働くのは、昔は奴隷だった。

人々はお金持ちになって労働から解放され、裕福な生活をする成功者に憧れた。80歳を過ぎても働いていると「気の毒に」と思うのだ。

西洋人にとって労働は生活のための手段以外の何ものでもない。だからアフターファイブには仕事のことなど一切考えない。報酬の高い仕事を求めて転職を繰り返す人は有能な人と思われている。

一方、日本人の労働観は、「働くことで周りの人を幸せにする」である。だから「傍《はた》を楽にする」という意味で「働く」といった。仕事は生き甲斐であり、80歳を過ぎても働いていると尊敬され、羨ましがられる。アフターファイブに酒を飲みながら仕事の話をしているサラリーマンはざらにいる。

価値観の違いなのだ。

西洋人にとって「労働からの解放＝幸せ」という構図は合っている。だから、山頂に到達するための成功哲学が流行る。日本人の労働観など理解に苦しむことだろう。

山頂に到達することも喜びだが、その途中に落ちているごみを拾うことにも喜びを感じる不思議な感覚を日本人は持っている。西洋の労働観や成功哲学を持ってきても、それは大して日本人を幸せにしないのではないか。

夢の実現、成功の人生より、目の前のご縁を大切にする日々の暮らしに十分幸せを感じるのである。

それを竹田さんは「和の精神」と呼んでいる。

「上」に上《のぼ》っていくより周りの人たちとの和のほうが日本人は大事なのだ、と。

そんな「和」の社会を実現することが、本当は人類の夢なのではないだろうか。

編集長のひと言

どんな職業であれ、ご縁なくして成功はない
目の前のご縁を大切にしよう
まずはやっぱり親だろう

22 対戦相手ではなくパートナーに

平成になって30年目を迎えた。

「平成」という言葉の響きには古《いにしえ》からの歴史のつながりを感じるが、「2018年」と言い換えた途端、押し寄せる未来の声を感じずにはいられない。21世紀に入って18年目である。この間の「AI(人工知能)」の発達には戦慄させられる。

昨年、NHKが『人工知能～天使か悪魔か』という番組を放送した。将棋界の最高位にいる佐藤天彦名人が将棋のAIを搭載したコンピュータ「ポナンザ」と対局する場面があった。

「ポナンザ」は5年前に登場して以来、一度もプロ棋士に負けていない。その日、佐藤名人も「ポナンザ」に完敗した。

佐藤名人は一手を指す時、八手先まで読む。一方、「ポナンザ」には過去20年分、約5万局のデータが入力されている。それを「彼」は自分で分析して、どんな局面でどの駒をどこに指せば勝ちに繋がるかを見つけ出す。

「彼」を進化させたのは、山本一成《いっせい》という開発者ではない。「ポナンザ」同士の対局で「ポナンザ」自身が自ら学習し、進化したのだ。その対局数は700万回。人間が年間3000回の対局をしても2000年以上かかるという。

そんなコンピュータと生身の棋士を対戦させるのは、100㍍《メートル》を5秒で走れる駿足のロボットを開発して人間と競走させるようなものだ。競わせることに意味などないのではないか。

ただ、AIは今後人間の良きパートナーとして欠かせない存在になるだろう。喜多川泰さんの新刊『ソバニイルヨ』(幻冬舎)にはそんなメッセージがある。

それは、父親が開発した「ユージ(UG)」という名のAIロボットと中学1年の息子「隼人」の、ぎこちない出会いから始まって、友情が生まれるまでの、わずか二十数日間の物語である。

始まりはこんな感じだ。

ＡＩの研究者である父親がアメリカに長期出張することになる。彼は息子の部屋にユージを置いていく。その日、帰宅した隼人は得体の知れないロボットに驚く。それはサッカーボールの顔に、鍋の帽子を被り、手足は排水管というガラクタのような外見でありながら、隼人にしっかりとした言葉で話しかけてきたからだ。

最初は不信感を抱いていた隼人だが、次第にユージに心を開き、悩みを相談するようになる。その度にユージは隼人に的確なアドバイスをする。

ある日、ユージは隼人の異変に気付く。ユージは感情によって汗の成分が変わることを知っている。その日の汗の匂いが「恐怖」と「嫌悪」の感情から分泌される成分だと感じ取ったユージは隼人に「学校デ嫌なことアッタネ」と話しかけてくる。隼人は驚く。その頃、彼は学校でいじめにあっていたからだ。

ユージはインターネットで世界中の心の専門家がいじめに対応した事例を検索し、そこから隼人が今直面している状況に一番合った対処法を見つけ出し、助言する。その言葉に勇気をもらい、隼人は行動していく。

人間には元々「察する」という感性がある。相手の顔色や声で「体の調子が悪いのではないか」「深刻な悩みを抱えているのではないか」と感じ取るのだ。

今、合理化や効率化が優先される社会の中で、そんな感性が失われつつあるように思う。言われなければ分からない・気が付かないという場面があまりにも多くないだろうか。そしてそれと交差するようにユージのような、人の心の変化を「察する」ＡＩが登場してくるかもしれない。人間がだんだん人間らしさを失い、ＡＩのほうがより人間らしくなっていくのだ。

ＡＩの発達のおかげで我々は改めて「人間とは何か」を考えさせられる。競い合っている場合ではない。

人間の素晴らしいところは、車やパソコンなど、モノを「パートナー」と思って愛用するところだ。

今後、ＡＩともそんな関係になるに違いない。そのためにも我々人間はより一層、精神に磨きをかけ、高めていかなければならないだろう。

編集長のひと言

「人間とは何か」「人間とどう付き合うか」このテーマなくしてすべて職業もすべても仕事も成り立たない

23

我々は大切なことを伝えているか

イランとイラクが戦争をしていたとき、イラン在住の日本人を国外へ輸送したのはＪＡＬではなく、トルコ航空機だった。

そのことは本で読んで知っていた。

そのトルコ政府の英断には、95年前の「エルトゥールル号」の話が関係していることも知っていた。

いずれも感動的なエピソードである。

しかし、もう一つの真実を知ったとき、魂が震えるような感動を覚えた。

イランに戦争を仕掛けたイラクが「48時間後以降、イラン上空を飛行するすべての航空機を攻撃する」と通告したのは、戦況が激化し、外国人の国外退避が始まっていた１９８５年３月のことだった。

イランには約450人の日本人がいた。

日本大使館の野村豊氏は、外務省を通じて日本航空に救援機の要請をしていた。当時の法律では戦争をしている地域に自衛隊機を派遣することができなかったのだ。だから民間機を要請した。だが、日本航空は「安全な飛行が保障されない」との理由で断ってきた。

世界各国の救援機が続々とイランの空港に到着した。どの国も自国民の救出を優先した。日本人は空席を待つしかなかった。3席、5席とわずかの座席をもらいながら約200人が国外へ脱出した。それでも215人が残された。

「もう時間がない。万策尽きた」と野村大使は思った。

そのとき、日頃から親しくしていたイラン駐在のトルコ大使を思い出し、電話を掛けた。

「貴国も自国民を救うために救援機を飛ばしていることを私は知っている。それでも無理を承知でお願いする。日本人のためにもう一機飛ばしてくれないか」

トルコ大使はこの無謀な要求を本国のオザル首相に伝えた。

そのとき、オザル首相は伊藤忠商事の森永尭《たかし》氏から同じ要請を受けていた。

森永氏はその10年前、不況にあえぐトルコに商社マンとして赴任し、彼の会社はトルコの農業復興に多大な功績を上げた。

当時、経営コンサルタントとして国の経済再建に奔走していたオザル氏は、森永氏から多くのことを学んだ。2人の間には友情が芽生えていた。

オザル首相は2人の日本人からの要請を受け入れ、救援機を飛ばす決断をした。そのとき、首相は森永氏にこう言った。

「我々はあなた方日本人に恩返しをしなければなりませんから」

首相が言った「恩」とは、1890年（明治23年）、トルコの軍艦・エルトゥールル号が和歌山県沖で座礁・沈没した際に、海岸に辿り着いた乗組員に対する地元住民の献身的な救助活動のことだった。

事故は深夜に起きた。618人の乗組員が海に投げ出された。海岸に辿り着いたのは69

人だった。そこは崖下だった。

嵐の中、村人たちは崖下から一人ひとり戸板に括り付けて運び上げた。救助は夜を徹して行われた。

村人は生き残った69人を手厚くもてなした。貧しい村だったが、非常食用の甘藷《かんしょ》も、鶏も、彼らのために提供した。

情報手段が新聞しかなかった時代にもかかわらず、3日目には日本全土で募金運動が起こり、予想を上回る義援金が集まった。

そして4日目、彼らをトルコまで送り届けるべく日本の船が出港した。

95年の時を経て繋がったこの二つの物語は『海難1890』（2015年）という映画になった。

さて、冒頭に述べた「魂が震えたもう一つの真実」とは、先週読んだデュラン・れい子著『外国語には訳せないうつくしい日本の言葉』（あさ出版）の中にあった。

トルコ政府が飛ばした救援機はなんと日本人を優先したのだ。そのため飛行機に乗れなかった約500人のトルコ人は陸路自動車でイランを脱出した。

トルコまで3日かかった。驚くべきことはそのことに対するオザル首相への非難・批判が一切なかったということである。

著者はそのことを「教育の力」と書いていた。

トルコの教科書には、95年前に日本で起こった海難事故のことが載っている。全国民が知っていたのだ。

教育が、国境と時空を超えて世界平和の礎になることを、改めて痛感した。

編集長のひと言

「あなたのご恩は一生忘れません」
誰にでもそんな人がいると思う。
だから今度は私たちが、
そのご恩を別の人に送っていこう

24 良心は世界中で繋がっている

ＮＨＫのトーク番組に世界一有名な「お父さん」が出ていた。

誰のお父さんかというと、２０１４年、17歳でノーベル平和賞を受賞したマララさんのお父さん、ジアウディン・ユスフザイさん（46）である。

ユスフザイさん家族が暮らしていたパキスタン北西部の地域は、偏狭な男尊女卑の慣習が深く根付いていた。

女の子が生まれたら、その誕生を誰も祝福しないし、両親も喜ばない。近所の人たちはむしろ母親を哀れんだ。１人目が女の子だと母親は悲しみ、２人目も女の子だとショックを受け、３人目も女の子だったら罪悪感を感じた。

12歳までは男女の別なく自由に遊んでいるが、13歳になると女の子は外出を禁じられた。

男性の付き添いがないと家の外に出られないのだ。もし女性が一人で街を歩き、強姦されて殺されても、「規則を破った女が悪い」と言われた。

そして女性には従順さが強要された。年上の人が決めたことに「ノー」はなかった。好き嫌いに関係なく親が決めた人と結婚させられた。

女性にそんな「ゆがみ」がある一方で、男性の生き方にも大きな「ひずみ」があった。ユスフザイさんの知人に男の子1人、女の子7人の家族がいた。その1人息子は父親と共に、姉、妹、母親のために働かなければならなかった。

女性を働かせることは男にとって最大の屈辱なのだそうだ。男に生まれたら、自分の生きる喜びなどなく、家族のために犠牲になる。

生まれた子どもが女の子だったら、母親は従順さを教え、男の子だったら面子を教える。この悪循環がとまらない。決して法律で定められているわけではなく、昔から続く慣習なのだ。

慣習は、人々の意識をつくっていた。

そんなところにユスフザイさんは男女共学の小学校をつくった。1995年のことだ。そして、その小学校に4歳になった長女マララを入学させた。

2003年には男女共学のハイスクールを併設した。女子教育を否定するイスラム過激派から度々殺害予告を受けたが、彼は学校の経営方針を変えなかった。

「女の子が学校に通うことには三つの意義がある」と彼は言う。

一つ目は、社会の中で人間としての存在価値が認められる。

二つ目は、教育を受けることで将来に夢や希望が持てる。

三つ目は、自分の可能性を自分で広げられる。

そんなユスフザイさんの教育活動を後押しする大きなチャンスが、悲劇を伴って突然訪れた。

悲劇というのは、2012年10月、イスラム過激派による娘マララへの襲撃だ。当時15歳だった。下校中のマララは頭に銃弾を受け、意識不明の重体となった。

大きなチャンスというのは、マララが一命を取り留めたことだ。

マララは10歳の頃からインターネットを通じて、女子教育を否定するイスラム過激派の実態を世界中に発信していた。

銃弾に倒れた娘を見ながら、ユスフザイさんは「私のせいだ」と自分を責めた。

妻は言った。「そんなことないわ。マララも、真実の教育のために命懸けで闘っているあなたと共に闘っているのよ」

意識を取り戻した娘も父親を励ました。

「顔のゆがみもしびれも私、平気。心配しないで」

ノーベル平和賞を娘が受賞した後、度々「どうしたらあんなお子さんが育つのですか?」と質問されるようになった。

ユスフザイさんは言う。

「私が何をしたかではなく、何をしなかったか、です。私は娘の翼を折らなかったのです。ただそれだけです」

遠いパキスタンで起きた事件だが、ユスフザイさん親子の命を懸けた闘いに、私たちの心は激しく揺さぶられる。

きっと繋がっているからだろう。国や言葉や文化の違いがあっても、こんな出来事があると、世界中の良心はどこか深いところで繋がっていると思えてくる。

編集長のひと言

自分が正しいと思っていることはそう思える慣習や環境の中にいただけ視野を広げると自分の思考も広がる。本を読もう

25

変わり者は社会の財産になる

学力は高いのに、自分の興味のない分野に対する理解力が極端に低い小学4年のカズキ君。友だちとカード遊びができない。教えてもなかなか覚えない。だから友だちから仲間はずれにされてしまう。

カウンセラーの吉濱ツトムさんはカズキ君の母親に次のようにアドバイスした。

「子どもの遊びにはある程度パターンがあるので、それを書き出し、子どもが理解できないところを根気強く教えてあげる」

「その際、口で言っても伝わらないので文字やイラストを描いて伝える」等々。

吉濱さんは「発達障害カウンセラー」だ。

「発達障害」という概念が認知されるようになったのはごく最近のことである。それまでは「社会性や協調性のない変わり者」と後ろ指をさされていた。

長時間じっとしていられない子は授業中、席を離れて歩き回ったり、騒いだりするこれが、「学級崩壊」という社会問題にまでなった。「しつけができていない」「愛情不足」などと、親が責められた。

知的障害や精神障害とは違うので、医療や福祉の対象にもならなかった。2000年を超えてようやく「発達障害は心の問題ではなく脳機能の問題」ということが認知されるようになり、2004年に「発達障害者支援法」ができた。

発達障害といっても、その裾野は広い。「自閉症」でも「学習障害」でも、あるいは「アスペルガー症候群」でも、症状は人によって異なる。

たとえば、アスペルガー症候群の子どもの特徴として、「集団で遊ばない」「行動がパターン化し融通がきかない」「人に関心がないので、親しい友人ができない」などが一例として挙げられる。

大人になっても「社会の暗黙のルールが理解できない」「冗談や皮肉をストレートに受け取ってしまう」から対人関係に支障をきたすことが多いようだ。

「しかし、接し方や教育のやり方を変えることで社会への適応力は向上し、人によってはとてつもない能力を発揮します」と吉濱さんは言う。

実は、吉濱さん自身、アスペルガーである。当事者の彼が東京で講演すると聞いて、上京した。映画に出てきそうなイケメンだった。

彼は写真記憶ができる。教科書を一度見ただけで、その映像が記憶された。中学の頃はその丸暗記のおかげで試験はいつも満点に近かった。しかし、人間関係も生活態度も問題だらけの生徒だった。

授業中、突然席を立って廊下を走りながら「俺が革命を起こす」と叫んだり、放送室を乗っ取って演説をしたりした。

クラスメイトがおしゃべりしていると、そこに割り込んで「それは違う」と一方的に持論を語り、語り終えると去っていく。

友だちは1人もいなかった。中学2年のとき、母親が家を出て行った。高校を卒業したら、父親から「出て行ってくれ」と言われた。19歳から1人で生きてきた。

吉濱さんが自らの過去を赤裸々に綴った『アスペルガーとして楽しく生きる』（風雲舎）を読んで驚嘆した。

「このままではダメだ」と一念発起した吉濱さんは、自力で体質改善、生活改善をすさまじいほどの勢いで始めた。

たとえば、「環境圧力」という、犯罪心理学に基づいた犯罪防止のための手法が、自分の不適切な言動を改めるために有効だと思い、取り入れた。

テレビを見ないためにアンテナのケーブルを抜き、寝転がる習慣を直すためにソファベッドを取っ払った。

浪費を防ぐためにお金やカードを他人に預かってもらい、部屋が汚くなるのを防ぐために3ヵ月に一度、片付けコンサルタントに来てもらった。

なりたい自分に近づくために絶えず自分の生活環境に圧力をかけ続けた。一度火が付いたら徹底的にやるというアスペルガーの特徴を生かした。

「エジソンしかり、ベートーベンしかり、世界を変えてきた人の多くは発達障害者です。もちろん、そう診断されたわけではありませんが、発達障害を持っていたからこそ、彼らは才能を発揮できたんだと思います」と吉濱さんは言う。

彼のメッセージ通り、育て方次第で発達障害の子どもたちは「社会の財産」になると思う。

編集長のひと言

**自分とは違う異質な人たちは
自分を変えてくれる
貴重な存在かもしれない**

26 復興に天運を引き寄せる精神性

「我々は、サッカーをしているだけではないことを意識してきた。我々が勝つことで、何かを失った人、誰かを失った人、怪我をした人、傷ついた人、その人たちの気持ちが一瞬でも楽になってくれたら、私たちは真に特別なことを成し遂げたことになる」

2011年7月、国際サッカー連盟（FIFA）が主催する女子ワールドカップの決勝戦で、「なでしこジャパン」が宿敵アメリカを破って優勝した。

そのときの映像は繰り返し日本中に流れたが、試合直後に語ったキャプテン・澤穂希選手の冒頭の言葉は意外に知られていない。

それは現地メディアのインタビューに答えたもので、澤選手の言葉は英語に訳され、アメリカのヤフーニュースに流れただけだったからだろう。それをたまたま見た日本人が和訳して自身のブログで紹介したところ、ネット上で話題になった。

「なでしこジャパン」の選手たちはずっと悶々としていた。3月11日に東日本大震災が起きて以来、「日本中が大変なことになっているこの時期に、自分たちはサッカーをしていていいんだろうか」と。

試合は勝ち進んでいった。準々決勝の相手はドイツだった。前回と前々回の二大会で優勝している強豪チームだった。

佐々木監督は試合直前に、「なでしこ」を集め、東北の映像を見せた。全員が号泣した。「我々にできることは何だろう?」と問い掛ける必要はなかった。もはや彼女たちは「サッカーをしているだけではない」ことを強く意識した。

「こんなつらい時期だからこそ、みんなに少しでも元気や勇気を与えることができたら、それこそが我々の成功となる」と。

そして、澤選手の言葉はこう続く。

「日本は困難に立ち向かい、多くの人々の生活は困窮している。我々はそれ自体を変えることはできないものの、日本は今復興を頑張っているのだから、その日本の代表として、復興を決して諦めない気持ちをプレーで見せたかった」

決勝戦の相手、アメリカはめちゃくちゃ強かった。

アメリカも過去二回優勝している。「なでしこ」はそのアメリカに一度も勝ったことがなかった。

しかし、試合は全くの互角だった。1対1のまま突入した延長戦で、アメリカが1点を追加した。万事休すの状況で迎えた奇跡のコーナーキック。時間は残り3分。ゴール前に飛んできたボールに澤選手の右足がわずかに触れた。ボールは相手選手の体に当たってアメリカのゴールに飛び込んだ。

「復興を決して諦めない気持ち」を本当にプレーで見せてくれた。そして、これからPK戦に臨もうとする「なでしこ」に佐々木監督が言った。

「さぁ、楽しんでこい！」

張り詰めた緊張感の中で「なでしこ」はみんな笑顔でグラウンドに向かった。

澤選手は最後にこう結んでいる。

「今日、我々にとってまさに夢のようであり、我々の国が我々と一緒に喜んでいるとしたら幸いです」

この澤選手の「精神性」が天運を引き寄せたのだと思う。


「運」には、好運と強運と天運がある。

好運は本人の努力で切り拓くものだ。努力すれば誰でも好運を掴むことができる。

強運の人とは、本人の努力だけではいかんともしがたい状況から這い上がれる人だ。強運の持ち主にはピンチのときに助けてくれる家族や仲間がいる。そこには愛と絆がある。

天運の持ち主とは、まさに天の運勢を引き寄せ、国の運氣を上げられる人だ。歴史に名を遺した偉人、国の経済を牽引してきた実業家、あるいは国の代表として国際舞台で闘うアスリート（競技者）もそうだろう。

彼らの活躍は国民を感動させ、勇気づける。

そのことで国の運氣が上がる。彼らに共通しているのは、澤選手の言葉に見られるような精神性だ。

東日本大震災から丸7年が過ぎた。語り尽くせない悲しみと同じくらいたくさんの温かい物語を聞いた。

少しずつ進んでいる復興の物語の中に、天運を引き寄せる日本人の精神性があるのだと思う。

編集長のひと言

**収入は自分の器に応じてもたらされる
意識を国や世界に向けると
神様はそういう人を放っておかない**

5章
「学び」の質は年齢と共に変えていく

27 まずは聴くことから始めよう

食べ物を扱っている職業の人が、それを食べるお客のことをいつも考えているように、教えることを職業にしている人は、学ぶ生徒のことをいつも考えているように、書くことを職業にしている人は、読む人のことを考えながら書く。

読み終わったとき、読む前より、その人の心に希望や喜び、幸福感、やる気、感動、そういった気持ちになっていなければ、書くという仕事をしたことにならないと思う。

とはいえ、たまに私の書いた記事を読んで不愉快になった人から怒りのメールや電話をいただくことがある。

そんなときはこう考える。逆の立場になって、誰かの悪意のない言動で自分が深く傷ついたり、嫌な気持ちになったときは、その人を許そう、と。

人は、生きているだけでたくさんの動植物の命を奪っている。みな文句を言わず、人間に命を捧げている。

ましてや思いの異なる人間同士が共に活動したり、利害関係の生じる仕事をしているのだ。その中で誰かに迷惑をかけたり、摩擦や軋轢《あつれき》が生まれたりするのは、避けられないことである。

そうやって私たちはいくつになってもつらい思いや悲しい思い、痛い思いをしながら、少しずつ成長している。

だから、「神さま、失敗させていただき、ありがとうございます」と心の中で唱えながら、その現実を受け止めていくしかない。失敗しない、完全な人間なんて一人もいないのだから。

数年前、愛知県一宮市で毎月開催されている「一宮ますみ読書会」に参加した。日本の教育界に多大な足跡を残した教育者・森信三先生の『修身教授録』（致知出版社）を輪読して、みんなで感想を述べ合うという会である。

その日は、「対話について」という章を輪読した。とても身近なテーマだが、思いのほかその真意は深かった。

たとえば、対話の第一の心得は「聞き役に回る」だった。なるべく相手に話をさせるようにするのである。

複数の人が集う座談会のような席では、1人が話し始めたら他の人は一同にその人の話に耳を傾けるべきである。決して隣の人とコソコソしゃべっていてはいけない。そして、全員が一度は話ができるように心配りをする。

また、断定的なものの言い方は極力慎んで、「私はこう思います」とか「～だと聞いています」など、緩衝的な言い方をすると聞く人の耳に優しくなる。そんな対話の心得が十《とお》ほど紹介されていた。

気になったのは第一の心得「聞き役に回る」だった。

対話は1人がしゃべり過ぎるとつまらないが、聞き役に回っていたら相手がしゃべりっぱなしになってしまう。

あるいは両者ともこの心得を実践したら、どっちがしゃべったらいいのだろう。


みんなの意見を聞いているうちに分かってきた。


「聞く」という言葉には「耳で音や声を感じ取る」という意味のほかに、「質問する」「尋ねる」という意味がある。

つまり、「聞き役に回る」ということは相手に興味・関心を持って質問し、しゃべらせるということなのだ。

相手も、自分に興味・関心を持ってくれると嬉しいし、おしゃべりできることで二重の快感がある。それを交互に行えば、本当の意味での「対話」になる。

「話をする」ということは一見するとアウトプットしているように思えるが、実はそうではない。

本当に話がうまい人は、実は一つの言葉を発するためにその何十倍もの言葉を聴き、自分の中に落とし込んでいる。

ピアニストが2時間のコンサートで自分の音楽を表現するために、その何十倍もの聴く時間を要したことだろう。

赤ん坊が「マンマ」という最初の言葉を発するまでに、たくさんの人がその子に語り掛けたはずだ。その声をその子はずっと聴き続けてきたのだ。

歴史に名を残した偉人たちは、偉大なその業績ゆえに称えられているが、彼らの多くが誰よりも天の声、民の声に耳を澄ませてきた人たちなのではないかと思う。

人は死ぬまで、人として成長する力を秘めている。なぜなら人は死ぬまで誰かの言葉を聴く力を持っているからだ。

おびただしい数の情報が発せられている現代、今一度「聴き役」に回ってみよう。

人の話はもちろん、天の声、自然の声、食物の声、国民の声、地域の声、そして自分の内なる声にもちゃんと耳を傾ける。

さぁ「聴くこと」から始めよう。

編集長のひと言

コミュニケーション力で大事なのは質問力
相手をしゃべらせること
「聞く」ということは「聞き出す」ということだ

28 本に囲まれて深呼吸をしよう

「本棚に、その本の背表紙が見えて、そこにあると思うだけで何となく安心する。そんな本はありますか?」と聞かれたら、まず喜多川泰さんの本を挙げるだろう。

『賢者の書』や『手紙屋』『上京物語』など、喜多川さんの本との出会いは、今まで考えもしなかった人生観との出会いでもあった。

誰かに喜多川さんの本を貸したら返ってこなかったので再購入して本棚に置いた。いつの日か子どもや孫がその本を手にとって読んでくれたらという、かすかな期待もあって本棚に並べておくのだ。

冒頭の質問は、あるエッセイ本に載っていたものだ。

その売れっ子作家は、「自分にとってそれは長田弘の『深呼吸の必要』です」と答えていた。

「仕事でイライラしたり、不愉快なことがある度に、その本のタイトルを思い出す。それだけで救われるような気がする」と。どんな本だろうと思って早速、図書館で借りてきた。

『深呼吸の必要』（晶文社）は、呼吸法の健康本ではなく詩集だった。しかも深呼吸の話など一行も出てこない。著者によると、その詩集を読むことが「深呼吸」なのだそうだ。

その中に『あのときかもしれない』という詩があった。

「きみはいつ大人になったのか」と問い掛ける散文詩だった。

「赤ちゃんからいつ子どもになったのかは知っている」と著者は言う。

それは、ハイハイしていたきみが立って歩くようになったとき。あるいは、単語しかしゃべれなかったきみが、二つ以上の言葉を繋げて自分の意思を伝えられるようになったとき、きみは子どもになった。

また、きみがいつ赤ちゃんになったのかは、もっと正確にその日にちを言うことができる。そう、生まれた日だ。

しかし、子どもだったきみがいつ大人になったのか、覚えていない。はっきりしているのは、「大人になった」のではなく、気が付いたら「大人になっていた」ということだ。その境目があったはずなのに、さっぱり覚えていない…。

こんなふうに問い掛けている詩である。

面白かったので図書館に返却した後、自分の本棚に置くために購入した。そんな本が、棚を埋めていく。そうやってできるのが書斎である。

喜多川さんの近著『書斎の鍵』（現代書林）は、本好きの父親に反発して、本嫌いになった「浩平」という青年が主人公で、時代背景は今から40年後の２０５５年の物語だ。

皮肉なことに、社会人になった浩平が仕事で出会った人たちで、特に成功者と言っていいような人たちは皆、本の影響を受けていた。しかも皆、同じある一冊の本に強く影響されていた。

それは『書斎のすすめ』という本だった。

小説の中でその本は、40年前の2015年に出版され、ちょっとしたブームになった。その頃、本は端末機で読むスタイルが主流になり、紙を媒体とした出版業界は苦境に陥っていた。

そんな時代に、その本が登場して斜陽の出版業界を救い、ひいては日本を救った。その本が売れたというより、その本に刺激された人たちが、電子書籍ではなく、紙の本を買い求め、自分の家やオフィスに書斎をつくり始めたのである。

また、それまで電車に乗ればスマホを見ていた人たちが、皆本を読み始めた。子どもに遺すべきものは財産以上に、「本を読む習慣」ということに多くの人が気付いた。まさに「ブックルネサンス」が興ったのである。

身体の汚れを落とすためにお風呂に入るように、書斎は心の汚れを落とすための空間だという。

いわば、「書斎は心のお風呂」。

最初は10冊でも100冊でもいいから、ミニライブラリーをつくろうと喜多川さんは提案している。

一つの端末機にたくさんの本を保存できる電子書籍は便利だが、空間の広がりがない。一方、書斎に入ると、背表紙が語り掛けてくる。そこにその本があるだけでホッとできる何かが、紙の本にはある。

人生を支えてくれた本に囲まれる書斎は、ちょっとした至福の空間になり、自分だけの宇宙になる。

編集長のひと言

あなたは大人だろうか
何をもって大人というのだろうか
それが分からないと大人かどうかわからない

29 淡々と生きる「淡味」の素晴らしさ

俳優の滝田栄さんの講演を取材した。お茶の話がとても印象深かった。滝田さんは33歳のとき、ＮＨＫの大河ドラマ『徳川家康』の主役に抜擢された。俳優として最高の栄誉を手にした。

ところが、いざ「役づくり」を始めると、「徳川家康」という人物が全然分からない。「家康はなぜあの長く続いた戦国の時代を終わらせ、２６０年にわたって内乱も戦争もない太平の世をつくりあげることができたのか」

台本を繰り返し読んでも、世間一般で知られている家康像を超えられなかった。

家康は子どもの頃、敵方の今川義元の人質に取られ、臨済寺というお寺に預けられていた。「そこに行けば何か分かるかもしれない」と思い、電話を掛けた。「修行寺なので一般人の立ち入りは禁じられている」と一旦は断られたが、「大河ドラマの主役で…」と事情を説明したら特別に入門が許された。

数日間、滝田さんは大勢の修行僧と共に過ごした。朝起きて掃除をし、精進料理を食べ、お経を読み、座禅を組む。淡々とした時間が流れた。何もつかめないまま最終日を迎えた。

その日の朝、いつものように境内の掃除をしていると、80歳くらいの老師が声を掛けてきた。周りから「ご隠居様」と呼ばれ、尊敬されている人だった。

「少しは肩の力を抜いてリラックスしなさい」と言われ、お茶に誘われた。

老師は、お茶の葉を急須いっぱい入れてお湯を注いだ。

一杯目のお茶を飲むと甘い味がした。

二杯目を淹れてくれた。今度は渋い味がした。

三杯目は苦かった。

滝田さんが「それぞれ味が違いますね」と言うと、老師は、「一杯目は甘く淹れるから、

『甘』。二杯目は渋く淹れるから『渋』。三杯目は苦く淹れるから『苦』。この『甘・渋・苦』の三つが揃って人生の味わいと言うんだ」と言って、甲高く笑った。

実は、お茶にも人生にも、この「甘・渋・苦」の次に、ほとんどの人が気付かないもう一つの美味があるそうだ。

旅行作家・小林正観さんが、生前に語った講演の中でその話をしていた。

60度くらいのお湯でお茶を淹れると甘い味になり、70度くらいのお湯で2杯目のお茶を淹れると渋味になり、3杯目を80度くらいのお湯で淹れると苦味になるという。

大事なのはその次にあった。

同じお茶の葉で4杯目を淹れると、ただ色がついているだけの何の味もしない出涸らし茶になる。茶の湯の大家・千利休はそれを「淡味《たんみ》」と言ったそうだ。

「甘い、渋いと言っているうちは、まだお茶が分かっていないんです。この出涸らしの、何の味もない4杯目以降の淡味のお茶の良さが分かるようになって初めてお茶の素晴らしさが分かると利休は言っているんです」と正観さんは言った。

人は若かりしときは刺激を求めて冒険をしたがる。やれ海外旅行だ、やれディズニーランドだ、やれ日本一を目指せ！　と。

やがて現実の厳しさにぶつかり、夢は儚いものだということを知らされることもあれば、世の中の不条理に遭遇し、悩み苦しんだりすることもある。それらもまた人生の味わいといえるだろう。


しかし、朝起きて、朝ご飯を食べて出勤し、仕事をして、同僚と酒を飲んで、夜遅く家に帰って寝るという人生もある。

刺激的なことは何もないけれど、淡々と流れる時間の中にこそ本当の人生の素晴らしさがあるというのだ。

そのことに多くの人が気付いていない。つまり、感謝していない、と。


260年続いた徳川幕府は、幕末の志士たちによって倒され、その後、日本は近代国家への道を歩み始める。

「文明開化」といえば聞こえはいいが、その「文明」とは日本の欧米化だった。日本も欧米列国同様、植民地を求めて海外へ目を向け、そして戦争に巻き込まれていった。

きっと家康は知っていたのだろう。
内乱も戦争もない太平の世とは、「淡味」のような淡々とした日々の生活にあるということを。

編集長のひと言

頑張ればいいってもんじゃない
頑張りたくても頑張れないときもある
そんなときは深く根を下ろそう。自分を深めるのだ

30 日常のすべてを楽しい「道場」にする

一般社団法人「倫理研究所」の創立者・故丸山敏雄氏の人物像をまとめた『丸山敏雄伝』（倫理研究所）という本がある。第一章は、丸山氏が生前、弟子たちに語っていた言葉が解説されている。最近、これを毎朝一つずつ読むのが日課になっている。

人は、心身を鍛えるために武道などの道場に通ったり、仏門をくぐって座禅を組んだりする。あるいは、「自分探し」と称して自転車にまたがって旅をしたり、バックパッカーとなって世界に飛び出す若者も少なくない。

いずれにしても、身をもって体験することは幾万冊の読書にも優るだろう。

しかし、「心を磨きたい」「自分を成長させたい」と思ってはいても、皆が皆、現実を離れて、そういう特別な環境に身を投じられるわけではない。

その点、丸山氏は、すべての人が難なく通える「道場」を紹介している。そこで修行すれば、誰もが鍛えられ、成長させられ、幸福になれる「道」があるというのだ。

それが「生活道」だ。私たちの日常のすべてが「道場」なのである。だからわざわざ通う必要もないし、月謝も不要だ。日々の生活の中にこそ、自らを鍛え、成長させてくれるものが、ふんだんにある。

そのことに全く気付かず、身の回りの人間関係に心を悩ませたり、好ましくない出来事を嘆いたりして、今まで自分磨きと自己成長の好機をどれほど逃してきたことだろうか。

たとえば、丸山氏はこんなことを言っている。「自分を変えたい人、心を入れ替えたい人、成長したい人は今よりも早起きして朝の時間を有効活用すべし」

それを聞いて多くの人は「無理、無理」と言う。中には「朝、サッと起きられる秘訣を教えてください」と聞いてくる人がいる。

それに対して丸山氏は一言、「秘訣はありません。よし、明日から早く起きるぞ、と決めればいいんです」

「支払い」の話も面白い。入金は嬉しいが支払いはしぶしぶというのが人情である。一般的に「支払いは翌月の末払い」という会社が多いが、中には「翌々月の末払い」という会社もある。

しかし、丸山氏の信条は「支払いは喜んで」「請求書が来たらすぐ支払う」である。これを実践していくと、面白いようにお金の入りがよくなるそうだ。

「生活道」のモットーは「嘘だと思うなら、とにかくやってみて確かめろ！」だ。

さらにこんなことが書かれていて、思わず背筋が伸びた。

「丸山敏雄が生涯を通して取り組んだことがある」というのである。それは何かというと、「後始末」なのだそうだ。

たとえば、使ったものは元の場所に戻す。散らかしたら片付ける。一つのことが終わったら反省会をして次に生かす。「後始末」とはそういう意味なのだが、これに生涯を通して取り組むとはどういうことだろう。

一日の「後始末」は日記をつけることにあるという。丸山氏は人生を終えるその日まで日記をつけていたそうだ。

一般的に、出張から帰ったら報告書を書くのは当然だが、プライベートな旅行でも記録をつけて「後始末」をする。

靴を脱いだら揃える。あるいは靴箱にしまう。席を立ったら椅子を入れる。使った傘は滴を落としてから所定の場所に置く。

タオルを使った後は端をピンと引っ張って整える。

ホテルを出るときには入室したときと同様に寝具を美しく整え、洗面所の水滴を拭き取る。

本を読んだら読みっ放しにせず読後感をつける。

映画を観たら観っ放しにしないで感想を残しておく、等々。

「後始末は意識しないとできない。しかしやっていくとだんだん楽しくなっていく」そうだ。

そして、「後始末の人生」を心掛けていくと、不思議といろんなことに気付ける人になるという。

「この店は窓がきれいに拭いてある」とか「あの店員の所作は素晴らしい」など。

たかが後始末、されど後始末。奥が深い。

編集長のひと言

「後始末」を意識して生活してみよう
それは自分と向き合う最高の姿勢
見えなかったものがどんどん見えてくる

31 「見る目」を養うために学び続ける

講演で山形県の酒田市を訪れた。酒田市ってどんなところだろうと、行く前にインターネットで調べていたら、「庄内刺し子」という言葉に目が留まった。

以前取材した放送作家の永六輔さんが、「いつも私は『刺し子』の半纏《はんてん》を着ています」と言っていたのを思い出した。

「刺し子」というのは伝統的な縫製の手法である。縫製といっても「縫う」のではない。「縫う」というのは針を横に進めていくが、「刺し子」は刺繍のように針を90度に刺していく。

今、「刺し子」は糸も布もカラフルな色の手芸品として市販されているが、元々は貧しい農民の暮らしの知恵から生まれたものだった。

農作業のときに着る薄い藍木綿《あいもめん》の野良着に別の木綿の布を重ねて補強した。重ね方も夏のものは風が通るように、冬のものは保温の効果が上がるように工夫されていた。

その歴史は飛鳥時代にまで遡《さかのぼ》り、山形県の「庄内刺し子」は、青森県の「こぎん刺《ざ》し」「菱刺《ひしざ》し」と並んで、「日本三大刺し子」だという。

さて、話は飛ぶ。

1933（昭和8）年、ドイツでヒトラーが政権を握るや否や、ユダヤ系の優れた科学者や芸術家は国外に亡命した。行き先は主にアメリカだったが、建築家ブルーノ・タウトは日本に亡命した。

当時、建築業界でタウトの名を知らぬ者はいなかった。

その世界的な建築家を業界関係者は歓迎したが、やがて日本とドイツが接近するようになると、ドイツ人のタウトは日本政府にとって好ましくない存在になった。

そこで建築家の仲間はタウトを群馬県高崎市の達磨寺《だるまじ》境内にある「洗心亭」にかくまった。

日本滞在中、タウトは古い建造物を見て回った。最も彼を感動させたものは京都にある「桂離宮」だった。「泣きたくなるほど美しい」というタウトの言葉が残っている。

それまで桂離宮は、国内では文化財として保存されてはいたが、「古いお屋敷」くらいの認識だった。ところが、それが優れた建築技法と職人の芸術的な美的感性で造られていることをタウトは見抜いた。

そのことを本に書き、欧米に紹介したことで、桂離宮は世界に冠たる建築物になった。

そのタウトが、桂離宮と同じくらい感動したのが東北地方の「刺し子」だった。

農村を歩きながらタウトは驚いた。農婦たちが農作業をするときに着ている野良着が、芸術品に近いものだと彼は感じたのである。

「これだけのものを作るとすればデザイナーがデザインし、職人が仕立てるものだが、農家の主婦たちが自分の着るものを当たり前のように自分で作っていて、しかも縫い目の細かいところにまで美的感性が見て取れる。なんて美しいんだ」と。

後に、東北の「刺し子」は、民俗学者・田中忠三郎によって見い出され、1966年に国の重要有形民俗文化財に指定される。しかしその30年以上も前に、「刺し子」の芸術性は1人の外国人によって発見されていたのだ。

永六輔さんは言う。

「農業は米を作る。野菜を作る。それだけではない。その周辺にある竹で編んだ籠、ざる、薄板で作った桶。野良着だってそう。全部自分たちで作っていた。その一つひとつに熟練された技術と美的感性があった。鍬《くわ》や鋤《すき》や鎌だって野鍛冶《のかじ》職人の技があった。農業はそういうものと共に代々受け継がれ、この国の食料を支えてきた」

「見る目」という日本語独特の言葉がある。「見る目がある」「見る目がない」という使い方をする。「物事の真偽、優劣を見極める眼力・眼識」という意味である。

我々が学び続けていかなければならないのは、この「見る目」を養うためだ。できるだけ本物に触れたほうがいいというのも、そのためだ。

「見る目」がなければ、大切なものの周辺にある環境や文化や精神を見落としてしまう。

編集長のひと言

本当に素晴らしいものはその素晴らしいものの周辺の文化や精神に潜んでいる

32

自然や神話と共に生きていた感覚

子どもの頃、山間《やまあい》の町に住んでいた。

物心がついたのは昭和40年代だった。農山村にもテレビが普及し、その小さな窓から都会の景色が見えた。何となく都会に憧れるようになった。

今でこそ豊かな自然は地方の「売り」になっているが、それは自然や田舎の風景が壊れ出してから初めて気が付いたのであって、あの頃、「自然がいっぱい」という言葉の響きは「田舎」という意味以外の何ものでもなかった。

あるシンポジウムで社会科の教師だった人が、教壇に立っていた昭和30年代から50年代を振り返ってこんな話をしていた。

「当時は太平洋ベルト地帯がどうのこうのと、そんなところに重点を置いて教えていた。

その地域に大量の働き手を取られて空洞化していた農山村についてはほとんど教えていなかった。ふるさと教育をしてこなかったことが悔やまれる」

地方の子どもの目が外に向かっていたのも無理はない。教育もテレビ同様、時代の波に乗せられていた。

その頃、哲学者・内山節《たかし》さんは東京から群馬県上野村に移住した。時々渓流釣りで訪れていた上野村に魅了され、居を移したのだった。

内山さんの心を揺さぶったのは、村人から聞く「キツネにだまされた」という話だった。人間社会で「だまされた」というと、金銭トラブルや男女問題の類だが、「村」社会におけるそれは「キツネに一杯食わされた話」だった。

「村」とは、人間と動物が共存するところだと、内山さんは定義している。動物はときに畑を荒らすが、それでも動物は同じ村に住む「仲間」だった。人間に迷惑もかけるが、彼らが絶滅するということは村が消滅することと同じことだと思っていた。

「彼ら」の代表は何と言ってもキツネだ。タヌキもイタチも人間をだましていたが、キツネの賢さには及ばない。

たとえば、旅人が峠にさしかかる。すると急に冷たい風が吹いてきて、旅人は荷物を置き、上着を羽織る。その一瞬のスキに荷物がなくなる。旅人は思う。「キツネにしてやられた」と。


あるいは、夕方、少年が道を歩いていると、旅人と出会った。しばし会話をした後、旅人から「よかったらどうぞ」と饅頭をもらう。少年は饅頭を食べながら家路を急ぐ。帰り着くと家の者に「おまえ、馬糞なんか食ってどうしたんだ？」と笑われる。


こういう話は、村人なら誰もが経験したことのある日常のことだった。

しかし、それらはすべて昭和40年以前のことで、それ以降、キツネにだまされた人がいなくなっていることに、内山さんは気付く。

気になってあちこちの村で聞き取り調査を始めた。どの村に行っても、キツネにだまされた話は昭和30年代までだった。

内山さんは、著書『日本人はなぜキツネにだまされなくなったのか』（講談社）の中で、その謎に迫っている。

昭和40年頃からテレビが農山村の各家庭にまで行き渡った。それ以前に、戦後の教育から神話が消えた。

「自然や神話と共に生きてきた日本人は、それらと相反する科学技術と経済を生活の拠り所にすることで、もうキツネにだまされなくなったのだ。それはキツネからの働き掛けに応じる能力の衰弱であり、人間はもう自然の一部ではなくなったのだ」と内山さんは言う。

キツネと共に生きていた頃の感覚を、我々はもう取り戻すことはできないのか。一つだけ方法がある。絵本だ。

日本の児童文学には『ごんぎつね』や『手袋を買いに』『きつねの窓』など、人間とキツネが織りなす物語がとても多い。

作家の柳田邦男さんは「人生には絵本を必要とする時期が3回ある」と言っている。1

回目は親から読んでもらう幼少期。２回目は子どもに読んであげる子育て期。３回目は老齢期。実は、人生の機微を知り尽くした老齢期こそ、物語の意味を深く読み取ることができるという。

テレビを消して、キツネの絵本をめくってみよう。その時間だけキツネと共に生きていた時代の感覚に浸れる。自然や神話と共に生きてきた日本人に戻れる。

編集長のひと言

仕事がうまくいかなくなるのは
考え方や行動が自然から遠ざかっている時だ
人間は間違いなく
自然とともに幸せになるようになっている

33 仕事の面白味、感動物語を語ろう

数学者の桜井進さんは自らを「サイエンスナビゲーター」と自称している。数学や数字のおもしろさをたくさんの人に伝えようというのである。

幼少の頃、桜井さんは電化製品に異常なまでに興味を持った。その仕組みが知りたくて、ドライバー片手に家中の電化製品を分解していた。不思議と親から叱られたことはなかった。小学校の高学年になると、家の家電修理担当になるほど「家電オタク」になっていた。そのうち、今度は自分で組み立てることに夢中になった。専門誌で秋葉原の電気店を調べ、山形県の自宅から現金書留で部品を注文し、ラジオやインターホンを作った。

その頃、ラジオ局の周波数がすべて9の倍数であり、各桁の数字を足していくと必ず9になることを知って感動した。

たとえば、北海道放送は1287ヘルツで、1＋2＋8＋7＝18、1＋8＝9になる。大阪放送は1314ヘルツで、1＋3＋1＋4＝9。静岡放送は1404ヘルツ、1＋4＋0＋4＝9。宮崎放送は836ヘルツで、9＋3＋6＝18、1＋8＝9等々。

ここから桜井少年は数字のとりこになっていく。中学生になるとアインシュタインの本を読んで、この宇宙が数式で表わせることに驚嘆した。

かくして桜井さんは数字の面白さから数学の世界に入っていったのだが、だからといって学校での数学の成績がよかったわけではなかった。

高校で、「log（ログ）」と呼ばれる「対数」が出てきた時には腹を立てた。「こんなものに何の意味があるのか」と。

ある日、図書館で1冊の数学書と出会った。「対数」の二文字に目が留まった。「対数」は16世紀に、ジョン・ネイピアというスコットランドの数学者が船乗りのために発明したものだった。

当時は大航海時代だった。しかし海上で現在地を確認する方法は太陽と星だけを頼りにしたものだった。そのため遭難事故も多発していた。

ネイピアが20年以上かけて導き出した膨大な数式が「対数」だった。それは「船乗りの命を救う数式」となった。

桜井さんの著書『わくわく数の世界の大冒険』（日本図書センター）には電卓を使って誕生日を当てる数式が紹介されている。相手に電卓を渡して次のような指示を出すのだ。
①「まずあなたの誕生の月に4を掛けて9を足してください」。②「その答えに25を掛けて、さらに誕生日の日付けを足してください」。③「その答えから225を引いてください」。出てきた数字がその人の誕生月日というわけである。
「10の段同士の魔法の掛け算」も面白い。たとえば「12×13」の場合、まず一の位同士の2と3を掛ける。「6」である。次に片方の「12」ともう片方の一の位の数字「3」を足す。「15」になる。答えは「156」

「16×17」の場合は、一の位同士の掛け算に繰り上がりがある。「6×7」で「42」。「2」を答えの下一桁にする。次に「16＋7＝23」に先ほどの「4」を足して「27」。よって答えは「272」

桜井さんは言う。「世の中には『数学』と聞いただけで嫌に思う人がいます。それは勉強以外の数学の世界を知らないからです。そういう人に、数学は人類の血と涙の感動の物語であることを語ることが僕の使命だと思っています」と。

桜井さんは数学者だからそれができるのだろう。

同じことがそれぞれの業界・業種でも言えるのではないか。どんな仕事にも面白味があるし、感動の物語があるものだ。それを語れるのは、その仕事をしている人以外にいないのである。

編集長のひと言

自分の仕事のおもろさを
ドラマチックに語ってみよう。
まず自分をわくわくさせてみよう

6章

「目標」を追い求めると、自分の天命に気付く

34 深いことをやさしくおもしろく

ダイエットしたいと思ってこれまでジムに通ったりウォーキングをしてきたが、あまり成果が上がらなかった。

なぜ簡単に痩せないのか不思議に思っていたが、最近触れた内田樹《たつる》さんの著書『修業論』（光文社）に、そのヒントを見つけた。

内田樹といえばフランス現代思想が専門の哲学者だが、合気道、居合道、杖道《じょうどう》の段位を持つ武道家でもある。

内田さんの文章は難しい。作家の井上ひさしさんは「むずかしいことをやさしく、やさしいことをふかく、ふかいことをおもしろく…」と何かの本に書いていたが、内田さんにはそんな発想はない。「難しい」とか「やさしい」とか「おもしろい」という概念がないのだ。

内田さんを師と仰ぐタレントの武田鉄矢さんが、自身の著書『人間力を高める読書法』（ダイヤモンド社）の中で、『修業論』を一生懸命分かりやすく解説している。

たとえば『修業論』の中のこんな言葉。

「武道家の身体能力を最も損なうのは加齢と老化だ。それを敵と捉えてアンチ・エイジングに励むことは、生きていること自体を敵に回すことになる」
「敵を作ってはいけない。武道の目標はただひとつ、無敵になることである」
「因果論的な思考が敵を作る。敵を作らないとは自分の現状を因果論の語法で語らないことだ」

武田さんの解説によると、こういうことらしい。
加齢や老化は自分を構成する一つの要素なのだから、それをマイナスと考える必要はない。武道家が加齢や老化を「敵」と思ってしまうのは、「勝ち・負け」に囚われているからだ、と。

たとえば、柔道はオリンピック種目になった瞬間、もう武道ではなくなり、「ＪＵＤＯ」になった。子どもたちまでもが勝つことやメダルを獲ることを夢見て稽古するようになった。

内田さんの言う「因果論的な思考」とは、対戦相手を敵と意識することで、その意識はやがて「あいつさえいなければ俺は優勝できるのに」と思ってしまう。この歪んだ思考は、敵が不調になることを密かに願ったりする。

そもそも武道は、相手を負かすためにあるのではなく、自我を脱ぎ捨て、無の境地に至り、そこで起こる精神的な質的変化を目指しているのだそうだ。

よく横綱に勝った力士が「自分の相撲が取れた」とインタビューに答えている。「自分の相撲が取れた」とは「相手を意識していなかった」ということだ。

「相手を意識しない」とは、相手の動きを見てから動くのではなく、相手の動きと自分の動きに一瞬の「間」もないということである。

たとえば、歌って踊るアイドルグループのメンバーは誰もほかのメンバーの動きを見ていない。１人ひとりが自分の踊りをしている。なのにグループ全員が見事に揃っている。

どのつまり「対戦」とは2人が一体となって繰り広げるひとつのパフォーマンスなのだ。だから本来、武道では勝ってもガッツポーズをしない。特に相撲の場合、勝った力士が土俵から落ちた力士に手を差し伸べて土俵に戻す。そのことで2人は共に精進する。勝者と敗者がいるのではなく、共に自我を脱ぎ捨てて武道本来の目標に向かっていくのだ。

さて、ダイエットはなぜ挫折しやすいのか。

太っている自分を意識し過ぎて、太っている自分の体型を「敵」と思いながら運動したり食事制限することで、「太っている」という現実を固定化させているからだという。

たとえば、走るのは痩せるためではなく、心地いいから走るのである。汗をかいて「あぁ気持ちよかった」、それでいいのだ。

「痩せたい」という自我を脱ぎ捨て、無の境地で運動し、正しい食生活をする。気が付いたらいつの間にか理想の体型になっている。どうもそういうことらしい。

武道は元々奥が深いが、ダイエットも深いと思った。難しく語ろうとやさしく語ろうと、すべてのものは奥が深いのだ。だったら深いことを少しでもやさしく、おもしろく伝えられたらと思う。

編集長のひと言

ライバルは必要だが敵は要らない
敵は自分のゆがんだ心が作っているだけ
スポーツも対戦相手がいるから楽しめる

35 プロに触れないとプロになれない

「平成」になり、もうすぐ30年。テレビの歌番組がめっきり少なくなった。

歌い手が減っているわけではないと思うが、「プロ」の歌手は何となく減っている感がある。歌唱力や歌そのもので勝負している歌手より、踊りなどのパフォーマンスを売りにしているグループやアイドルのほうが断然視聴率を稼ぐ。そのうちプロの歌い手がいなくなるのではないか。

先日、作家の江國滋さん（平成9年没）が生前に『プロフェッショナルに学ぶ』という演題で講演した音声を聴く機会があった。その中で3人の「プロフェッショナル」を紹介していた。

まず明治から大正、昭和にかけて活躍した評論家の長《は》谷《せ》川《がわ》如《にょ》是《ぜ》閑《かん》さん。文化勲章を受賞した、知る人ぞ知る人物である。

94歳まで生きた。晩年は断筆し静かな老後を送っていたが、ある雑誌の編集者が「たまには書かないとボケますよ。短くてもいいのでうちの雑誌に何か書いてください」と依頼してきた。如是閑さんが「分かった」と言ったので、締切日を決めた。

編集者が締切日に原稿を取りに行くと、「忘れていた。これから書く。ここで待ってなさい」と言われた。

しかし、原稿用紙に向かったが一向に書こうとしない。数分後、如是閑さんは1枚目の真っ白な原稿用紙を破って捨て、2枚目に向かった。数分後、また1行も書いていない原稿用紙を破って捨てた。これを3度繰り返した後、ようやく書き始めた。この話を編集者から聞いた江國さんは「分かる気がする」と思った。

「おそらく彼の頭の中にも原稿用紙があり、そこに書いたり消したりしているうちにその文章が嫌になり、現実の原稿用紙を破ることで頭の中の原稿用紙を新しくしていたのだろう。この境地は大変なものである。私には原稿用紙がもったいなくてできない」と話していた。

2人目は戦後の落語界で「名人」と呼ばれた8代目桂文楽師匠である。文楽師匠は昭和46年、79歳で亡くなる4か月前まで高座に上がっていた。

その年の8月、国立劇場で『大仏餅』という古典落語を演《や》った。ところが途中で台詞が出てこなくなった。20秒くらい経つと会場がざわめいた。その時、文楽師匠は深々と頭を下げ、「あいすみません。台詞を忘れましたでございます。また勉強し直して参ります」と言って舞台袖に引っ込んだ。そして楽屋に戻って声を放って泣いたという。その年の12月、肝硬変を患い、この世を去った。

葬儀の時、江國さんは文楽師匠の弟子に「あの高座は気の毒だったね」と言った。すると弟子はこんな話をした。

「師匠は高座の前には必ずその日に演る演目を稽古します。でもそれだけではないんです。

随分前から『あいすみません。台詞を忘れましたでございます。また勉強し直して参ります』という言葉と、その時のお辞儀の仕方も稽古していました」

江國さんは「本物の名人の極致を垣間見た」と話していた。

3人目。江國さんは、放送作家の永六輔さんや俳優の小沢昭一さんら5、6人の仲間と伊豆を旅した話をした。

電車がある駅に近づいた。たくさんの警官がいた。その先に深紅の電車が停まっていた。江國さんらを乗せた電車は、深紅の電車の真横に停まった。窓と窓がぴったりくっついた。向こう側の窓を見てみんな腰を抜かした。昭和天皇皇后両陛下がいらっしゃったのだ。その瞬間、日頃、陛下のことを「天ちゃん」などと言い合う、口の悪い連中が全員、直立不動の姿勢になり、手を振り始めた。すぐに両陛下もそれに気付き、手を振り返された。

やがて電車が動き出した。しばらくして小沢昭一さんが言った。

「俺がもし陛下の役をすることになっても、あの手の振り方は真似できない。あの振り方はプロの振り方だ」

いろんなプロフェッショナルがいた。「昭和」とはそんな時代でもあった。

編集長のひと言

プロとはなるもんじゃない
まわりが認めてくれるものだ
自分にできることは自分を磨くことだけ

36 夢破れても活躍できる舞台がある

広島県に住むさとみちゃん（仮名）は小学2年生の頃からいじめにあっていた。

ある日、いじめっ子たちから「死ね、死ね」と言われ、「私がいなくなったらみんなが幸せになれるのね」、そう思って線路の上にしゃがみ込んだ。クラスメイトがそれを見つけ線路から引きずり出した。いじめが初めて両親や先生の知るところとなった。中学1年生の時だった。

その日からさとみちゃんは学校に行かなくなった。

大分県の牧野さん（仮名）は大きなホテルを経営している。以前は観光協会や商工会議所の役員もしていた。数年前、周りの人たちに担がれて国政選挙に出たが落選した。それ以来、人間不信になり、仕事への意欲もなくなって、家に引きこもった。

この2人に生きる希望を与えたのは、かつて盲導犬訓練所で「不合格」の烙印を押された犬だった。

盲導犬は、自分で考えるように訓練される。目の不自由なユーザーが「ゴー（行け）」と命令しても、危険を感じたら動かない。障害物があったらユーザーがそれを避けられるように少し方向を変える。外出前に排泄をし、ユーザーと外出している間は絶対排泄をしない。そのように訓練されている。

しかし、訓練所で治らない性格上の短所が一つでもあると盲導犬になれない。

大阪府にある盲導犬訓練所では年間約600頭を訓練し、そのうち約6割から7割が「不合格」になるそうだ。1頭の盲導犬を育てるためには約400万円のコストがかかるから、「不合格犬」が出るとかなりのマイナスになる。それもやむなし。ユーザーの「目」となって、その人の生活の安全を保障し、命を守る。だから訓練の成果は完璧でなければならないのだ。

不登校になったさとみちゃんの両親はわらにもすがる思いで盲導犬訓練所を訪れた。「娘は小さい頃から訓練士になりたいと言ってました。その夢に向かうことで乗り越えさせてあげたいんです」

事情を聞いた訓練所の所長はさとみちゃんに、ベンジーという犬を与えた。ベンジーはエサを食べている時、人が近づくと、ウーッと唸る癖があった。これで「不合格」になった。

所長はさとみちゃんとある約束をした。それは「ベンジーの世話はさとみちゃんがすること。塾で遅くなってもお母さんに代わってもらわないこと」。そしてこう言った。「君の命はベンジーが守る。だからベンジーの命は君が守るんだ」

さとみちゃんは約束を守った。朝夕の散歩。塾で遅くなったら夜お父さんと一緒に散歩させた。雨の日も休まなかった。

ある日、「訓練士になる。だから明日から学校に行く」と両親に宣言した。中学2年からは一日も学校を休まなかった。

牧野さんの家にはラタンという犬がやってきた。以前、獣医から「不合格犬」の話を聞き、引き取りたいと申し込んでいたのだ。ラタンは好奇心が強く、訓練中に声を掛けられると気が散ってしまう。それで「不合格」になった犬だった。

奥さんはホテルの女将業で忙しい時、ラタンの散歩を引きこもっている夫に頼んだ。しぶしぶ散歩をさせていた牧野さんだったが、やがてラタンの人懐っこさにはまり、ラタンと遊ぶことが楽しくなった。ラタンは牧野さんが教えることを何でも覚えた。そのうち牧野さんの趣味のマジックも覚えた。

牧野さんは仕事に復帰した。そしてホテルの宴会場でマジックショーをすることにした。ラタンはその助手となり、宿泊客の人気者になった。

「不合格犬」は「キャリアチェンジ犬」と呼ばれ、別の世界で立派に活躍している。障がい者を支える「介助犬」や心の病んでいる人を癒す「セラピー犬」等々。

沢田俊子著『盲導犬不合格物語』（講談社青い鳥文庫）を読んで何度も涙腺が緩んだ。人間世界にそのまま当てはまると思った。多くの人が描いていた夢とは別の世界で頑張っている。

皆「キャリアチェンジ人《びと》」なのだ。

編集長のひと言

「夢破れて今がある」という人がいる
挫折したのではない。挑戦したのだ
そしてたどり着いたのが「今」なのだ

37 自分の仕事が大好きって言える?

「炎の講演家」を自称する鴨頭嘉人さんは全国の小・中・高等学校で講演している。いつもこんな質問をする。

「今働いている大人たちを見て自分も早く大人になって働きたいと思っている人?」

今まで約8000人の子どもたちに聞いてきたが、手を挙げた子は1人もいなかったという。

鴨頭さんは考えた。「イキイキと輝いて働いている大人の姿を見せよう」と。

その思いが形になった。『私は自分の仕事が大好き大賞』というイベントだ。今年(2017年)で5年目になる。去る10月10日、「イキイキ仕事をしている大人の話を聴こう」と、約2000人の若者が横浜に集まった。

愛知県豊橋市から全国にトラックを走らせている㈱マイシンの社長・辻直樹さんは、5人のプレゼンターの中の1人だった。

子どもの頃、母親から「なんでこんな問題が分からないの？」「なんで他の子のようにちゃんとできないの？」と毎日のように言われて育った辻さん。「自分はダメな人間なんだ」、こんな思いが心に深く刻まれていった。

高校を出て就職したが、2年間で5回も仕事を変えた。出会った先輩たちはみんな生活のために働いていた。「働くとはお金を稼ぐということなんだ」と暗黙のうちに教えられた。だからもっと稼げる仕事が見つかるとすぐ転職した。

大手宅配会社は、給料は高かったが早朝から深夜まで働きづくめの過酷な職場だった。

ある日、週3回集荷に呼んでくれる得意先の会社に行った。真夏の暑い日だった。受付の女性から「あんた、いつも全力よね。あんたが来るとこっちまで元気が出るよ」と言われた。体に電流が走った。初めてお金以外の働く喜びを知った。

その後、彼は人生最後の転職をする。㈱マイシンと出会ったのだ。

辻さんにとって「仕事を頑張る」とは「全力でやること」だった。その仕事ぶりが先代の社長に認められ、ある年、長距離ドライバーから事務所勤務に異動になった。2年後には係長、4年後に課長、そして次長、部長、常務と出世し、平成24年に辻さんは㈱マイシンの社長に就任した。

「ダメ人間だと思っていた自分が社長になるなんて」。辻さんは先代の期待に応えるべく必死で社長業に精を出した。特に直属の部下である2人の部長を厳しく鍛えた。

そのうち自分と同じレベルまで2人を引き上げようと、細かいところまで指摘するようになり、言葉もキツくなっていった。そして最も言ってはいけない言葉を発してしまう。「なんでそんなこともできないんだ!」と。

その後、部長の1人は体調不良で欠勤が続いた。3週間後、見舞いに行くと、病んでいたのは心だった。彼は言った。「会社に行こうとすると苦しくなって体が動かなくなるんです」

もう1人の部長からは退職したい旨のメールが届いた。面談をしたらこう言われた。「社長はいつも全力でやれと言いますが、社長の全力と私の全力は違うんです。社長のようにはできません」

辻さんは母親からよく言われていた「なんでこんなこともできないの？」という言葉は、人の可能性を否定する言葉だったんだと気付いた。振り返れば自分が出世してきたのは、先代の社長が自分の可能性を信じてくれたからではなかったのか。

「変わらなきゃいけないのは君たちではなく俺のほうだった。君たちは会社にとって大切な存在だ」、辻さんは泣きながら頭を下げた。

2人の部長は会社に残ってくれた。

辻さんは声を大にして叫ぶ。「私たちの会社は一人ひとりの社員の可能性を信じる会社です」「私は自分の仕事が大好きです」と。

ところで、親しい関係であればあるほどつい言ってしまう「なんであなたは…」。答えなど求めておらず、ただ責めているだけのこの質問は禁句にしよう。言われた人も開き直って答えないように。

編集長のひと言

仕事は天職。自分の仕事が好きと言える人はきっと悩んで苦しんできた人に違いない最後にたどり着くところが「好き」である

38 プラスイメージに変えるのは私

渡部佳菜子さんが生まれ育った町はコンビニが1軒しかなく、電車は2時間に1本。どこにでもある田舎町だ。基幹産業である農業を支える後継者もなかなか育たない。

そんな中、彼女の父親はいつも「農業はこれから面白くなる」と言っていた。台風できゅうりが全滅した時も「自然のことだからしょうがない。次はもっとうまくやってやる」、そう言って目を輝かせていた。

小学生の頃の佳菜子さんはそんな父親が大好きだった。だから「大きくなったら農業をやる」とよく言っていた。そう言って両親を喜ばせていた。

中学生の時、友だちから将来の夢を聞かれ、「農業」と答えたら笑われた。彼女の周囲にはそんな空気が流れていた。というよりそんな時代だった。以来「農業」という言葉を口にすることはなくなった。

高校卒業後、県立農業短期大学校に進んだ。そこで農業の未来について語り合える仲間と出会った。「やっと本当の自分を取り戻すことができた」と思った。

友だちとドライブをしていても、「あのハウス、何を作っているんだろうね」という会話になった。覗きに行って農家さんの話を聞いたりもした。

卒業式は2011年3月9日だった。「福島の農業を元気にしようね」と励まし合い、皆、夢に向かって飛び出した。

その2日後、故郷の町は一変した。

2017年、横浜で開催された「私は自分の仕事が大好き大賞」（201ページ参照）で佳菜子さんは5人のプレゼンターの中の1人だった。彼女は震災後の家族の苦悩を語った。「復興に向かう農家を一番苦しめたのは『風評』でした」と。

彼女が住む西会津町は新潟との県境にあり、原発から１２０キロ以上離れている。震災後の大気中の放射線量は東京より少なかったが、怖いのはデータではなくイメージだと痛感した。

きゅうりの価格は暴落し廃棄物のように扱われた。収穫寸前だったブロッコリーは検査を何度も受けているうちに腐ってしまった。「福島の農業を元気にしたい」という夢は不安と恐怖で押しつぶされそうになった。

そんな気持ちを払拭しようと、彼女は県や町主催のイベントのイメージガールとして都会に出ていき、消費者に福島の野菜をＰＲした。

あるところでこんな声が聞こえてきた。「なんで福島から来てるのかしら。福島の物を売るなんて非常識よね」

聞こえないふりをして、明るく元気な声を出し続けたが、愛想よく振る舞えば振る舞うほど悲しくなり、やがて声が出なくなった。

佳菜子さんは言う。

「農家は野菜を作っているんじゃない。育てているんです。長い歳月をかけて土を育て、種を植え、水をやり、太陽の光をたっぷり受けられるように心を配り、自分の子どもを育てるような気持ちで育てているんです」と。そのすべてが否定されたようだった。

そんな時、1人の女性が声を掛けてきた。「きゅうりください。福島のきゅうりっておいしいわよね」

その言葉は真っ暗だった彼女の心に光となって差し込んできた。溢れ出る涙を拭うことも忘れ、「はい、日本一です」と言ってきゅうりを手渡した。

佳菜子さんは気付いた。「イメージってつくり物なんだ」と。

「福島にマイナスイメージを持つ人もいるが、そうでない人もいる。イメージはその人が勝手に心の中でつくっているだけ。だったら私が福島の野菜のイメージをつくろう」、そう思ったらワクワクが止まらなくなった。

それから佳菜子さんは本物のイメージガールを目指して全国の主要都市で街頭に立った。義援金の金額が世界一だった台湾にも行って福島の野菜をＰＲした。

風評被害は今でもあるそうだ。それでも彼女は言う。「それをプラスイメージに変えるのは私。農業は益々面白くなる」と。

編集長のひと言

人生の主人公は自分。監督も脚本も自分
だからやろうと思えば
ラストシーンをハッピーエンドにできる

39 希望はいつでも絶望のすぐ横にある

盲目のカウンセラー・西亀真さん（60）と会った。宮崎市内の中学校で講演するため宮崎にやってきたのだ。この時のことは最近出版された著書『幸せの入り口屋 いらっしゃいませ』（ごま書房新社）の中に詳しく記載されている。

西亀さんは30代半ばで目の難病を患い、46歳の時、完全に光を失った。

盲学校に入学し点字を学ぶが、指先に触れる凸点《とってん》の感触がどうしても文字に思えず、「自分には点字は無理です」と匙《さじ》を投げた。その時、先生が言った言葉で西亀さんにスイッチが入った。

「両目が見えなくて、両手も失った方が唇で点字を学ばれたそうですよ」

西亀さんから、この「唇で点字を読む」藤野高明さんのことを詳しく聞いた。

藤野さんは昭和13年福岡県生まれ。人生の風景が一変したのは終戦の翌年、小学2年生の時だった。近所に落ちていた銀色の筒のようなものを拾ってきて、当時5歳の弟と遊んでいた。

それは突然爆発した。不発弾だった。弟は即死。藤野さんは両目を失明し、両手首を失った。

それから13年間、彼は教育の機会を奪われた。全盲と両手首損傷の二重障がい児ということで、教育委員会は「就学免除」と通達してきた。しかし実際は「受入拒否」だった。

藤野さんは学校生活に支障がないように必死で身辺自立を訓練した。12歳になる頃には衣服の着脱、食事、洗面・トイレはもちろん、タオルを絞ったり、七輪の火を起こすこともできるようになった。それでも福岡盲学校は、その門戸を固く閉ざした。

藤野さんは12回にも及ぶ開眼手術を受け、その度に入退院を繰り返した。入院中は看護婦がよく本を読んでくれた。

18歳の時、運命を変える一冊の本と出合った。北条民雄の『いのちの初夜』(角川文庫)。それはハンセン病の診断を受け、療養施設に入所した著者が自らの体験を綴った短編小説だった。

藤野さんは、自分よりもっと過酷な運命を背負いながらも世の中の不条理を本で訴えている人がいることを知った。そして、ハンセン病の患者たちが唇で点字を読み取っていることに衝撃を受けた。

「文字を獲得すれば盲学校に行けるかもしれない」

気の遠くなるような受験勉強が始まった。かつて目の治療で同室に入院していた盲学校の生徒が毎日病室を訪ねて点字を教えてくれた。藤野さんは全神経を唇に集中させた。

難関は数学だった。なにせ小学2年生から教育を受けていない。特に分数や小数の計算が理解できなかった。

そこに看護学校の学生だった熊本敏子さんが現れた。実習を終えた夕方6時から熊本さんは付きっきりで数学を教えた。藤野さんは、倍数や簡単な方程式、因数分解まで理解できるようになった。

それでも福岡盲学校高等部は彼の両手首損傷を理由に受験を認めなかった。将来、理療（鍼・灸・マッサージ）の仕事に就ける可能性がないからだ。しかし、希望の光は絶望のすぐ横にあった。盲学校の教師が「大阪市立盲学校には音楽科があります」と教えてくれたのだ。

「音楽科なら両手がなくても関係ない」

藤野さんは点字で大阪市立盲学校に手紙を書いた。点字の返事はすぐ来た。「できる限り最善を尽くします」とあった。

看護学校を卒業して正看護婦になっていた熊本さんとその友人たちが、藤野さんに受験科目の5教科を教えた。

１９５９年2月、大阪市は教師を藤野さんの病院に派遣し、前例のない出張入試を行った。合格通知は3月4日に届いた。20歳の藤野さんは晴れて中学部の2年生になった。

その後も何度となく訪れた絶望と屈辱の嵐を、家族や仲間に支えられながら潜り抜けた藤野さんは、１９７３年、教員採用試験に合格し、母校・大阪市立盲学校の教諭になった。不屈の精神と無限の可能性とは、この人のことを言うのだろう。

西亀さんの携帯には時々79歳の藤野先生からメールが来るそうだ。一体どうやってメールを打つのだろうか。

編集長のひと言

あなたが悩んでいることなんてほんの小さなこと 世の中には想像を絶する、壮絶な人生に挑んだ人がいることを知ると背筋が伸びる

40 天命を変える人生ってどうですか？

古い中国の本はやたら難しい漢字が多くて、端から読む気になれないものだ。

知人からもらった『和語陰隲録意訳《わごいんしつろくいやく》』という本も、今までの自分だったらそっと書棚に並べておいたであろうに、今回はなぜかページを開いてみた。

というのは、『和語陰隲録意訳』はその本のサブタイトルで、メインタイトルは『こどもたちへ　積善と陰徳のすすめ』（梓書院）という、いわば子ども向けの、やさしそうな本だったからである。

中国は明の時代、袁了凡《えんりょうぼん》という男がいた。幼くして父を亡くし、貧しい暮らしの中、母親に女手一つで育てられた。

了凡は、「科挙」と呼ばれる超難関の国家試験に挑んでいた。それに合格し、高級官僚になって親孝行したいと思っていたのだ。

競争倍率が2000倍とも3000倍ともいわれたその試験に、了凡は毎年落ち続けた。見かねた母親が「あなたの父は医者だった。あなたも医者になりなさい」とアドバイスした。了凡はそれを受け容れ、医者への道を志すことにした。

ある日、了凡はたまたま立ち寄ったお寺で易者を名乗る老人と出会った。老人は了凡を占った。

「そなたは科挙に合格し、最初はどこそこの地方の役人になり、次にどこそこの役人になり、その次はどこそこの知事になり、最後は中央に戻って高い位の官僚になる。しかし53歳で病死する。生涯、子どもには恵まれない」と言った。その内容があまりにも具体的だったので、彼は母親を説得し、再び科挙に挑んだ。

翌年、見事科挙に合格した。その後の赴任先もあの易者が言った通りのところだった。彼は「人生というものはすでに天命によって定められている」と思った。

ある地方の役人をしていたとき、古くからの友人が僧侶をしている禅寺に立ち寄った。2人は、夜を徹して飲み明かした。

そのとき、了凡は昔自分を占った易者の話をし、「運命というものはどうも定まっているようだ」というような話した。

それを聞いた旧友の禅僧は笑った。

「確かにそうだ。天命によって人の一生は定まっている。ただその天命の通りに生きるのは凡人だけだ。本当の成功者と極悪人はそれぞれ善悪の強さに引かれて、天命とは異なる人生になる。これから話す修行をすれば天命は変えられる」と話した。

禅僧が了凡に薦めた修行は「積善」だった。小さなことでもいいから善なる行いを日々積み重ねるということだ、と。

その際、守らなければならないルールが一つあった。それが「陰徳」だ。善行をしたとき、それを人に自慢したり、「これ見よがし」にするのではなく、密かに、黙々とやれ、ということである。

面白いのは善行をするとそれがカウントされることである。つまり、ポイント制になっているというのだ。

一日の中で世のため、人のために善行を一つしたら「1善」、三つしたら「3善」となる。ところがもし二つ悪い行いをしたら、たとえば、誰かの悪口を言ったり、約束をすっぽかしたりすると、「3善マイナス2悪」で、その日の善行は「1善」ということになる。

了凡は、日々、善なる行いを心掛けた。10年かけて、3000善もの善行を積み上げた。すると妻との間に子どもを授かった。名前を「天啓」と名付けた。その後、了凡は79歳まで生きて天寿を全うした。

実は、この『陰隲録』は、了凡がわが子・天啓のために書き残した書であり、それを和訳したのが冒頭に紹介した『和語陰隲録』なのである。

本の後半には、善行に励んだ人たちの事例がたくさん紹介されている。すべての人に共通しているのが、「積善陰徳」を実践していった結果、自分よりも、子や孫、子孫に福が訪れているということである。

また、「人の命を助ける」は「100善」、「公共性の高い活動に募金する」は「10善」

など、善行のレベルが高くなると点数も高くなるそうだ。ちなみに、「暴力をふるう」は「50悪」、「親不孝をする」は「10悪」など、たちの悪い悪行の点数も大きい。

この本を読んだら、善行することが楽しくなった。

了凡のように、その日の善行を密かにカウントして記録することもちょっとした楽しみになった。同時に、今まで「一日一善」すらやっていなかったことに気が付いた。

この分かりやすい『和語陰隲録意訳』を漢訳して、中国に逆輸出した人は「100万善」くらいもらえるかもしれない。

編集長のひと言

今もらっている収入以上のことをしてみよう
心を込めるだけでも積善になる
仕事がどんどん楽しくなる

あとがき

北海道札幌市に「FMアップル」というコミュニティ放送局があり、その木曜日の夜の3時間番組『中村信仁でナイト』の中で、みやざき中央新聞の社説が朗読されています。

普段は目で追いながら黙読している社説ですが、「音」になり、BGMのメロディに乗って耳から入ってくる朗読を聴いていると、また違った風景が瞼《まぶた》の奥に浮かんできます。その感じが何とも言えず、心地いいのです。

以前、和歌山県立医科大学脳神経外科の板倉徹教授（故人）が講演で「現代人の脳はさぼっている」というような話をされていました。

いつ頃からさぼり癖が付き始めたのかというと、個人差はあると思うのですが、古くは電卓が普及した1970年代といいます。計算にそろばんを使わなくなったことで、暗算の力が急速に衰えたというのです。

その次はワープロが普及した1980年代だそうです。確かにワープロで資料を作成するようになって漢字を書く機会が激減しました。読めるけれど書けない漢字が増えていますよね。文字文化の中で漢字ほど脳を働かせる文字はありません。しかし脳は「これで漢字も書かなくてよくなった」と、さらにさぼれるようになったのです。

続いては携帯電話の普及です。これにより急速に数字を覚える力が萎えてしまいました。以前は2、3人の友人の電話番号くらい覚えていたものですが、脳は「数字も覚えなくてよくなった。楽になった」と、さぼり癖に拍車がかかっていきました。

極めつきは車やスマホのナビゲーションシステムです。これによりどれほど私たちの生活は便利になったことでしょう。しかし、それは同時に「地図を見ながら目的地を探す」という脳の仕事をまたひとつ奪った結果になるのです。

もうこの便利さは今後も加速するのは間違いありません。

ただ、歩いたり走ったりジムに通うなど意識的に鍛えないと筋力は衰えていくように、「脳も意識して鍛えないと衰える」と板倉教授は言います。

脳を鍛えるのに一番効果的なのがラジオを聴くことなのだそうです。ラジオの一番の効果は映像がないことで想像力が高まることだといいます。

テレビでは、音声と映像が同時に入ってくるので脳は想像する必要がありません。一方、ラジオの場合、音声を聴きながら脳は一生懸命想像力を発揮します。これが脳にいいらしいんです。

板倉教授は、光トポグラフィという脳内の血流を測る検査方法でラジオのどんな番組を聴いている時に脳が活性化するかを調べています。結果、トップ3は「天気予報」「ニュース」「ラジオドラマ」でした。そして、天気予報やニュースの前後に音楽が流れるのも脳にいいらしく、これもラジオならではです。

それから受験生には「禁じ手」ですが、板倉教授が中高年に大いにラジを勧めているのは「ながら族」になれるからです。「ラジオは聴きながら手を動かしたり足を動かせるからいい」と。二つのことを同時にするという負荷が脳に効くらしいのです。

もちろん私にとってもラジオは生活必需品であり、仕事のパートナーです。ただ私のラジオはタイマー録音機能付きでなければなりません。事前に必聴番組を予約し、後でパソコンに取り込み、余分なところをカットしてウォークマンに転送し、歩きながらじっくり聴いています。そんな面倒くさいことも、きっと脳にいいのではないかと思っています。

冒頭に紹介した「ＦＭアップル」、木曜日の「中村信仁でナイト」は全国で聴くことができます。ぜひ「ListenRadio」という検索キーワードから探し出して聴いてみませんか？また社説の朗読はみやざき中央新聞のホームページからも聴くことができます。よかったらどうぞ。

今回、またまたごま書房新社さんから本を出版させていただきました。気が付くともう7冊目になります。

本書では、これまでのたくさんの社説の中から今回のテーマ〝仕事〟に合うものを40篇選びました。選定や編集にあたり、ごま書房新社の大熊賢太郎さんには大変お世話になりました。ありがとうございました。

みやざき中央新聞はこれからも「学び続ける」「成長し続ける」をテーマに、これを知っておくとちょっとだけ人生が豊かになる情報を発信していきます。この本を読んでご興味が湧きましたら、みやざき中央新聞のホームページをぜひ覗いてみてください。

そして、どこかでお会いしたら、「本を読みました」と言ってくださるととても嬉しいです。

水谷　もりひと

2018年3月末日

参考文献

『境界線児、飛び立つ』相本華世子／著（文芸社）
『弱さの思想』高橋源一郎・辻信一共／著（大月書店）
『道をひらく』松下幸之助／著（PHP研究所）
『遺伝子スイッチ・オンの奇跡』工藤房美／著（風雲舎）
『つらいから青春だ』キム・ナンド／著（ディスカヴァー・トゥエンティワン）
『知的文章術』外山滋比古／著（大和書房）
『日本人はなぜキツネにだまされなくなったのか』内山節／著（講談社）
『看板のない居酒屋』岡村佳明／著（現代書林）
『残念な努力』美咲栄一郎／著（青志社）
『縁により縁に生きる』西端春枝／著（ぱるす出版）
『感謝感謝のお金道』北岡恵子／著（きれい・ねっと）
『ベテラン弁護士の「争わない生き方」が道を拓く』西中務／著（パル出版）
『ソバニイルヨ』喜多川泰／著（幻冬舎）
『外国語には訳せないうつくしい日本の言葉』デュラン・れい子／著（あさ出版）
『アスペルガーとして楽しく生きる』吉濱ツトム／著（風雲舎）
『深呼吸の必要』長田弘／著（晶文社）
『書斎の鍵』喜多川泰／著（現代書林）
『丸山敏雄伝』丸山敏秋／著（倫理研究所）
『畠のラジオ』永六輔／著（家の光協会）
『修業論』内田樹／著（光文社新書）
『人間力を高める読書法』武田鉄矢／著（プレジデント社）
『盲導犬不合格物語』沢田俊子／著（講談社青い鳥文庫）
『あの夏の朝から』藤野高明／著（点字民報社）
『こどもたちへ 積善と陰徳のすすめ』袁了凡／著（梓書院）
『上京物語』喜多川泰／著（ディスカヴァー・トゥエンティワン）
『志高く』井上篤夫／著（実業之日本社）
『さえずり言語起源説』岡ノ谷一夫／著（岩波書店）
『修身教授録』森信三／著（致知出版社）
『鋏のひとりごと』田中トシオ／著（叢文社）
江國滋文化講演会CD（文芸春秋）

『先人たちの底力・知恵泉』NHK
『昔話法廷』NHK
『竹田恒泰チャンネル』竹田恒泰／主宰
『スーパープレゼンテーション』NHK

本書の"もと"になった新聞

口コミだけで全国から熱望される新聞があります。
「みやざき中央新聞」
読者数…1万7千人、感動で涙した人…1万7千人。

宮崎発夢未来〜美しい郷土を子どもたちに
昭和30年3月29日 第3種郵便物認可
みやざき中央新聞
The Miyazaki Central Journal
10月4日(月)
2010年(平成22年)
2384号
発行 編集部 (有)宮崎中央新聞社
〒880-0911 宮崎県宮崎市田吉6207-3
Tel(0985)53-2600 Fax(0985)53-5800
毎週月曜日・月4回発行 1ヶ月1,050円(うち消費税50円・送料込み)
郵便振込口座 02060-3-7621
http://miya-chu.jp e-mail:info@miya-chu.jp

みやざき中央新聞は、宮崎というローカルなところから発信していますが、
宮崎の話題にとどまらず、各種講演会を取材して、面白かった話、感動した話、心温まった話、ためになった話を、講師の方の許可をいただいて、掲載している新聞です。

●読者からの感動の声

・毎号こころゆさぶられる社説を鼻血を流しながら読んでいます(笑)。大阪市　男性

・内容が段々すばらしくなったために処分できず机の上に山となっています。
鹿児島県　男性

・実家にいるころからずっと読ませていただいています。
こんなに心に響く新聞を僕は他に知りませんでした。　東京都　男性(学生)

・届いたらなにより先に読ませて頂きます。必ず一つ自分なりに感心したことを店の方たちに報告するのが私の至福の時間です。　静岡県　女性(自営業)

・お風呂の中でお湯につかりながら読んでいます。一日の疲れを癒す一服の清涼剤のような読み物です。　愛知県　男性(政治家)

心のビタミン
みやざき中央新聞　宮崎発夢未来〜美しい郷土を子供たちに

http://miya-chu.jp/

■みやざき中央新聞に興味のある方には見本紙をお贈りしています。
見本紙は1ヵ月分(4回分)で、その後の購読の可・不可はご自由ですのでお気楽にお問い合わせください。

スマホの方はこちらよりアクセス➡

著者略歴

水谷　もりひと（水谷　謹人）

みやざき中央新聞編集長。

1959年生まれ。明治学院大学卒。学生時代に東京都内の大学生と『国際文化新聞』を創刊、初代編集長となる。平成元年にUターンし、宮崎中央新聞社に入社。平成4年に経営者から譲り受け、『みやざき中央新聞』編集長となる。20年以上、同紙の社説を書き続け、現在も魂の編集長として、心を揺さぶる社説を発信中。男の家事・育児の推進、DV防止の啓発活動などで2004年宮崎県男女共同参画推進功労賞受賞。宮崎市男女共同参画審議会委員、宮崎家庭裁判所参与、宮崎学園短期大学非常勤講師などを歴任。俳優・声優プロダクション「サラみやざき」に所属しTVCMにも出演。2014年大人が夢を語る「ドリームプランプレゼンテーションin日向」に出場し感動大賞・共感大賞のW受賞を果たす。著書に『日本一心を揺るがす新聞の社説1集・2集・3集・DVD付ベストセレクション』『いま伝えたい！子どもの心を揺るがす"すごい人"たち』『この本読んで元気にならん人はおらんやろ』（全てごま書房新社）ほか。

●講演・執筆依頼
　みやざき中央新聞　http://miya-chu.jp/
※「フェイスブック」「ブログ」もホームページより更新中！

仕事に"磨き"をかける教科書！

著　者	水谷 もりひと
発行者	池田 雅行
発行所	株式会社 ごま書房新社 〒101-0031 東京都千代田区東神田1-5-5 マルキビル7F TEL 03-3865-8641（代） FAX 03-3865-8643
印刷・製本	倉敷印刷株式会社

ISBN978-4-341-08696-1 C0030